はじめての
オーガニックな庭づくり

organic garden

小島理恵

家の光協会

Nigella & Rose

Salvia nemorosa & Alchemilla mollis

Summer garden

Autumn garden

Agastache

Strawberry

はじめに

ガーデニングや家庭菜園をしていて、ふと疑問に思ったことはありませんか？「自宅で花や野菜を育てているのに、なぜ化学農薬を使わなければいけないんだろう？」と。本書は、こんな方に、ぜひ手に取ってほしい本です。

私自身、大学を卒業して大手造園会社に就職し、緑地管理に携わっていましたが、「環境によいとされる緑地をつくっているはずなのに、なぜ化学農薬が普通に使われているんだろう？　これでは、本当に環境によいとはいえない」と仕事に矛盾を感じたことがきっかけで、現在に至っています。

しかしその会社を辞め、個人邸の庭づくりの仕事を始めても、植栽管理作業の際に化学農薬を使用することは変わりませんでした。なぜなら、それ以外に方法を知らなかったからです。でも、農薬を散布すると、自分自身が具合が悪くなることもあるし、害虫だけでなく益虫とされている昆虫も殺してしまっているのではないか？と不安に駆られることもありました。悶々とした思いを抱えていたとき、バラ研究家の梶みゆきさんとお会いしたことで、転機が訪れました。

一九九〇年代半ば、梶さんは、「化学農薬なしでは育てられない」とされていたバラたちを、化学農薬に頼らない方法で育て、話題になりました。そんな梶さんと仕事をご一緒したことをきっかけに、生薬の使い方や土づくりのこと、ガーデンとの向き合い方などを教えていただきました。自分の現場でも試していくようになり、三年ほどたったころ、ようやく「この方法なら、どんな庭の管理でも化学農薬に頼らずにやっていける」という自信をもてるようになりました。

そんな経緯があって、自分で会社をもつようになったときに、「オーガニックなガーデニング」を特徴としていこうと考えたのでした。ただ、造園業界には、当時も現在も、明確な農薬使用の規定がありません。そこで、弊社で独自に「オーガニックガーデン5か条」という規定を作り、これに則って庭づくりをしています。基本的な考え方は、本書のパート1で紹介していますので、詳しくはそちらを読んでいただければと思います。

ところで、「オーガニック」＝「無農薬」と考える方が多いと思いますが、じつは、この本を読み進めていただくと、化学農薬や化成肥料も登場します。完璧なオーガニックをめざしている方は、疑問を抱くかもしれませんので、このことについて少し説明をしておきたいと思います。

近年、とくにヨーロッパにおいては、化学農薬の使用を規制する動きが盛んになってきています。たとえばフランスでは、家庭園芸をはじめ、公園や街路樹などでも農薬の使用が禁止され、これらに関しては、「生物的防除剤で代替可能」とされています。世界でこのような動きがあるのは大歓迎ですし、私自身、自宅の庭では、まったく農薬を使用しません。

ただ、ヨーロッパに比べ、高温多湿で生物相が豊かな日本で美しいガーデンを保つことは、なかなか大変なことです。実際、イギリスやオランダ、北欧などのガーデンに行くと「この環境だったら病害虫が発生しにくくて、それほど苦労せずにオーガニックでできるな」と、うらやましく感じることもあります。

もちろん、無農薬でガーデニングができるに越したことはありません。ですが、「最初から完璧をめざさなくても、まずはセカンドベストでよい」という考えから、本書では化学農薬を使用することにも触れているというわけです。ただ、その場合も、環境に影響の少ない農薬をその選び方とともに紹介しています。

さて、セミナーなどの仕事で、たくさんの方にお会いする機会がありますが、「私は何を育てても枯らすんです」と、告白される方がとても多いのです。

枯らしてしまった状況を聞いてみると、もっとも多いのは、水のやりすぎです。「育てていた植物が枯れそうになっていたので、毎日水をあげていたんですけど、結局枯れてしまいました」という方。これは、水のやりすぎで根腐れが起き始めているのに、さらに水をあげたことで枯らしてしまったと想像できます。

それから、一年草が自然に枯れたのに、「枯らしてしまった」と、自分を悪く思われている方も結構いらっしゃいます。一年草か多年草かを買うときに知っておけば、余計な心配をしないですみますよね？

こんなやりとりを繰り返すなかで、多くの人には自然や植物に関する基礎的な知識があるはずなのに、それがガーデニングにうまく活用されていないと感じていました。植物や生態系に関する知識を一度整理し直すと、今までうまく育てられなかった原因がわかったり、より効果的な手入れができるようになったりします。ですので、本書にはあえて、小学校で習うような項目も入れました。「こんなの知ってる」と思っても、一度、目を通してみてください。原理原則を知ることで、失敗する確率が確実に減っていくことでしょう。

最後に、ガーデニングには正解というものはありません。じつは、土の微生物のことや根の働きなど、科学的に解明されていないことが、まだまだたくさんあるのです。「正解」がないかわりに、「失敗」もありません。見えない世界に想像力を働かせて、ガーデニングを楽しみましょう。この本が、そのきっかけになってくれたら嬉しいです。

小島理恵

Contents

Part.3

庭づくりの基本

植物と環境の基本

植栽の計画

植栽の作業

手入れの基本

Part.4
病害虫・雑草対策

Column

Part.1

オーガニックな庭とは？

about organic garden

オーガニックな庭ってなんでしょう？
化学農薬を使わないで手入れされた庭のことでしょうか？
そもそも、どうしてオーガニックで
庭づくりをするのでしょう？
ここでは、私が考えるオーガニックな庭について、
わかりやすくご説明します。
また、オーガニックな手法で庭づくりをすることのメリットと、
オーガニックな庭づくりを成功させるための
ポイントも紹介します。

私の考えるオーガニックな庭

家庭菜園の世界では、オーガニックということが一般的になってきましたが、「オーガニックな庭」は、まだまだ十分な市民権を得られていないように思います。野菜は食べるものだけど草花を食べることはないから、オーガニックである必要がない？　緑がきれいならそれでよい？　そうでしょうか。私たちにとって、庭はいちばん身近にある自然です。大人も子どももペットも、緑と触れ合いながら安心して心地よくすごせる。庭はそんな場所であってほしいと思います。それを可能にするのが、オーガニックな庭です。

私が実践しているオーガニックな庭づくりでは、化学的な農薬や肥料を極力使いません。その代わり、植物そのものの力を引き出す手入れをします。最大限に生命力を発揮した植物は、病害虫に強く、本来の美しい姿に育っていきます。また、周辺地域の環境へ負担をかけることもありません。

そんな庭には、虫や鳥、土の中の微生物など、さまざまな生き物が集まってきて、小さな生態系が生まれるでしょう。四季を通した植物の変化が楽しめ、鳥が来て、カマキリやテントウムシなどの虫がさりげなくいるような、人と自然が響き合う豊かな庭づくりをめざしています。

メリット①

人や動物に安心

一般的に病害虫駆除で使用される化学農薬には、人の健康を害する可能性の他、昆虫の生育に悪影響を及ぼす可能性も指摘されています。薬剤は、高い位置で樹木に散布したとしても、やがて地面に落ちていきます。ですから、体が小さく、地面に近い場所で生活している子どもやペットなどは、成人と比べて化学物質の影響を受けやすいともいわれています。

こんなふうに、農薬には心配なこともありますが、これから説明をするオーガニックな庭づくりでは、まずは植物を健康に育てることから始めます。健康な植物は、病害虫への抵抗力も強い傾向にあります。また、植物の免疫力を高め、病害虫を未然に防ぐために、天然成分由来の「生薬エキス」を使うこともあります。

メリット②

生物多様性を守る

オーガニックな庭とは、そこに住んでいる人やペットはもちろん、虫や鳥、土の中の生きものなどのさまざまな生物が共存できる庭です。

害虫や悪い菌だけでなく、益虫や善玉菌まで殺してしまう可能性のある化学農薬に頼らずに庭づくりをすることは、その土地の生物多様性を、ひいては生態系を守ることにもつながります。

庭づくりを始めるなら、まずよい土をつくり、その環境に合う植物を選んで組み合わせることです。この二つを大切にすることで、農薬の使用は減らせます。植物が根をしっかり伸ばし、元気に育つ庭は、生命力にあふれています。そんな庭にはエサを求めてたくさんの鳥や虫が集まり、豊かな生態系ができ上がります。さまざまな生きものが集まって素敵な庭は完成するのです。

メリット③

ローメンテナンス、ローコスト

環境によいのはわかるけれど、オーガニックな庭づくりは手入れが大変なのでは？と思う方もいるかもしれません。ですが、心配無用です。

オーガニックな庭づくりでは、環境に合った植物を選びます。その時点で植物に適した生育環境になるので、育てやすくなります。

さらに、一度植えつければ長年楽しめ、あまり肥料を必要としない多年草（球根も含む）をメインにした庭なら、春と秋に行う一年草の植えつけも減り、作業もコストも抑えられるでしょう。こぼれダネを発芽させたり、晩秋からは立ち枯れたシードヘッドを楽しんだりと、植物の営みを生かした庭づくりをしていくと、手入れはずいぶんとラクになります。手入れが負担にならないということも、ガーデニングを続けるためには大切です。

メリット④

センスがよくなる

庭づくりのセンスがよくなりたい方にお伝えしたいのは、オーガニックな庭づくりを実践すると、自然とセンスがよくなるということです。

詳しくは24ページで解説しますが、その土地の環境に合った植物を選ぶことが、オーガニックな庭づくりの基本です。同じ環境を好む植物同士は、自然と色や形の雰囲気がよく合い、育つ方向や高さのバランスをとっています。山や森林に生えている植物を思い浮かべてみてください。その土地に長く適応してきた植物たちは、見た目にも調和がとれて、しっくりとくるというのが感覚的に理解していただけると思います。

自然をお手本とすることが身につけば、自分の庭に適した植物がわかるようになり、迷うことなく素敵な庭づくりができるでしょう。

ポイント①

環境に合った植物を育てる

あの場所にはどんな植物を植えてもうまく育たない、とか、何を植えても枯らしてしまう私は、ガーデニングに向いていないのかも?と思ったことはありませんか。原因は、植えた場所がその植物の生育に向いていなかっただけかもしれません。植物が健全に育つかどうかは、生育環境によるところがとても大きいのです。

世界地図を広げると、ヨーロッパ、アメリカ、アジア、アフリカといった地域があり、気候もさまざまです。植物は長い年月をかけて各地の気候に適応していきますが、異なる気候にうまく対応できず、枯れてしまうことも。日本国内でも、沖縄と北海道では気候がまったく違います。北海道の寒冷な場所を好む植物が、亜熱帯の沖縄の夏を乗り越えるのは、簡単なことではありません。

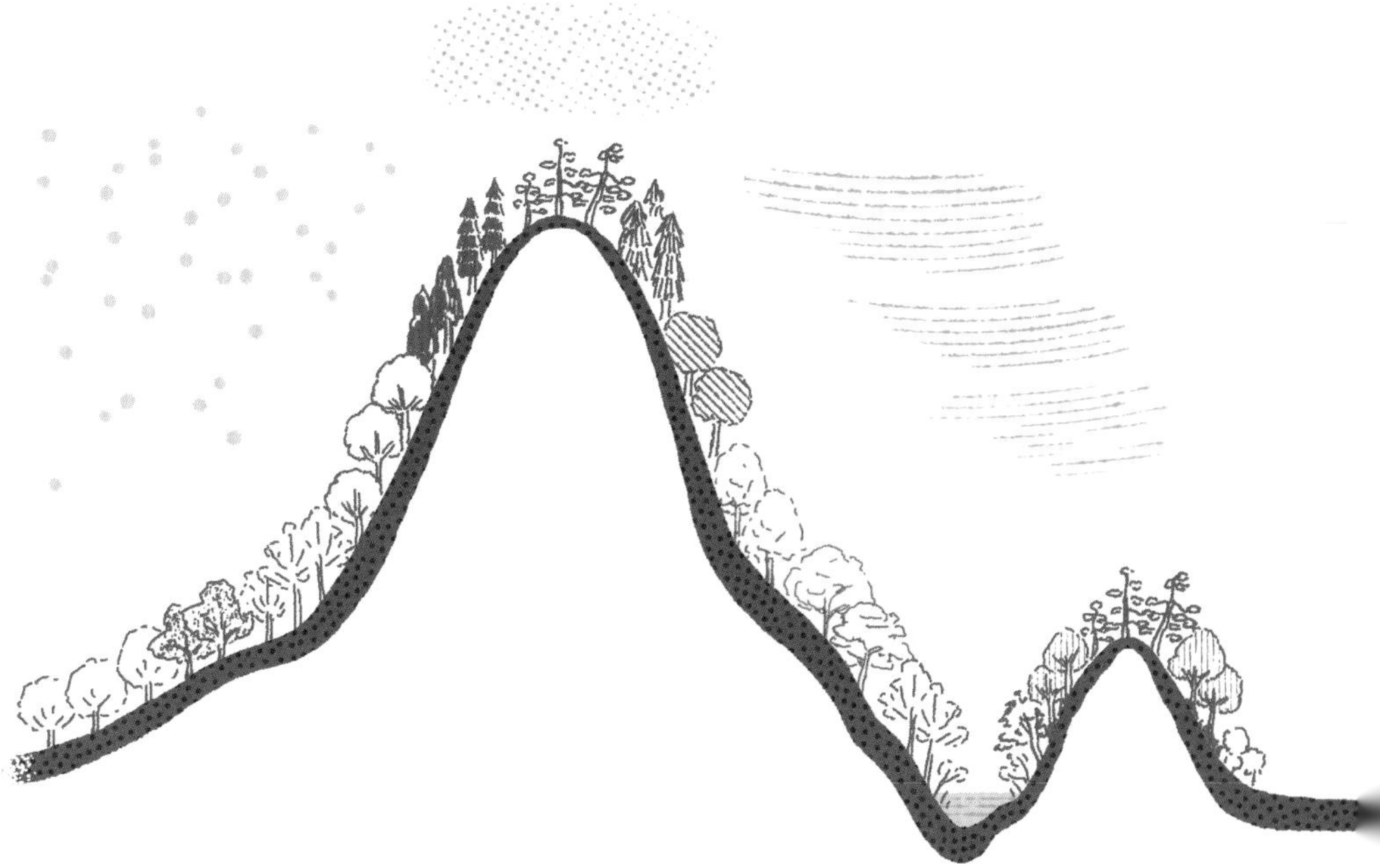

また、地形によっても環境の違いは生まれるため、イラストのように、山の近くと海の近くでは育つ植物も当然変わってきます。山の上は日当たりがよく、風も強いので乾燥しがち。土壌もあまり肥沃ではありません。そんな場所を好むのが、アカマツやネズなどの針葉樹です。雨水が溜まり、土も肥沃になる谷や沢には、水を好むイロハモミジやケヤキなどが生育します。湿地や池の近くにはヤナギやハンノキ、海沿いに行けば、潮風に強いクロマツやタブノキなどが生育しています。

植物は、それぞれ生育に適した環境があります。もともと育っていた原産地に似た環境なら、その土地にうまく適応し、元気に育ってくれます。ですから植物の原産地、そしてわが家の庭の環境を知ることはとても重要です。このように、その場所の環境に合った植物を育てることを「適地適木」といい、オーガニックな庭づくりをする際に、もっとも重要なポイントです。

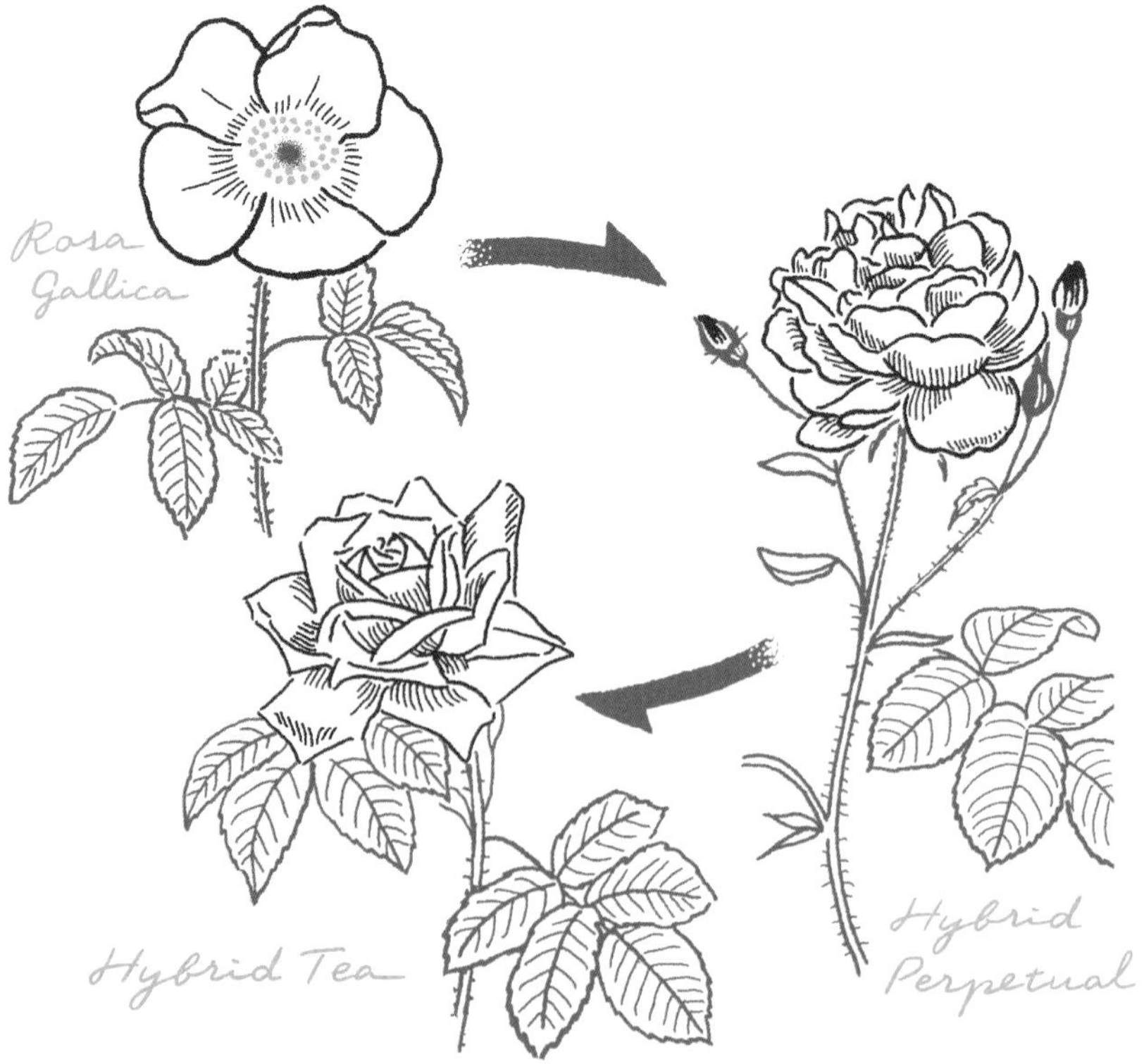

ポイント②

原種に近いものを植える

化学肥料や農薬をあまり使いたくないとか、手入れにあまり時間をかけたくないのであれば、なるべく原種に近い植物を使った庭づくりをおすすめします。バラは病害虫に弱いイメージがあるかもしれませんが、江戸時代に渡来したモッコウバラや、日本原産のハマナスなどは、病気になりにくく、虫もつきにくいといわれています。

原種とは、自然界にもともとあった植物のこと。そこから交配を重ね、新しい品種が続々とつくり出されています。品種改良の方向性はさまざまで、耐病性を高める場合もありますが、花や葉色の美しさに特化した場合は品種改良を重ねるほど、病害虫に弱くなるという傾向があるようです。

自然の山や森をお手本に、なるべく原種に近い植物で、オーガニックな庭を楽しみましょう。

ポイント③

多種多様な品種を植える

一種類の野菜が整然と植えられている畑を思い浮かべてみてください。その土地の環境に適合してうまく育てばいいのですが、もしも病気や虫が発生したら、被害は甚大になる可能性があります。最悪の場合、全滅してしまうかもしれません。

このようなリスクを回避するため、できるだけ多種類の植物を混植することをおすすめします。ある植物が病気になり、枯れてしまったとしても全体の見映えはそれほど気にならないはずです。「今年はこの花はダメだったけれど、こっちの花がきれいだったので楽しめたわ」。そんな会話ができるのも多種多様な植物を植えていたおかげです。

植物の組み合わせに悩んだら、原産地を頼りにすれば大丈夫。好む環境が同じ植物は不思議と相性がよく、見た目にもお互いを引き立て合います。

ポイント④

適切な手入れで健全に育てる

ローメンテナンスといっても、まったく手入れがいらないというわけではありません。あれもこれもやる必要はありませんが、それぞれの植物に合った最適の時期に、植物が必要としている手入れをするというのも、ポイントです。

多年草なら、梅雨の前に蒸れて病気にならないよう、花がらを全部取ってきれいにしておくとか、晩秋に虫が越冬できないよう、枯れ葉を掃除しておくなどがあります。樹木なら、それぞれに適した時期に剪定を行い、風通しをよくしておくと、病害虫の被害を受けにくくなります。

適切な時期に適切な作業を行うことで、植物の健康だけでなく、庭全体の見映えも保てます。いつ、何をするか、年間を通して予定を立てておくと、日々の手入れも効率的になるはずです。

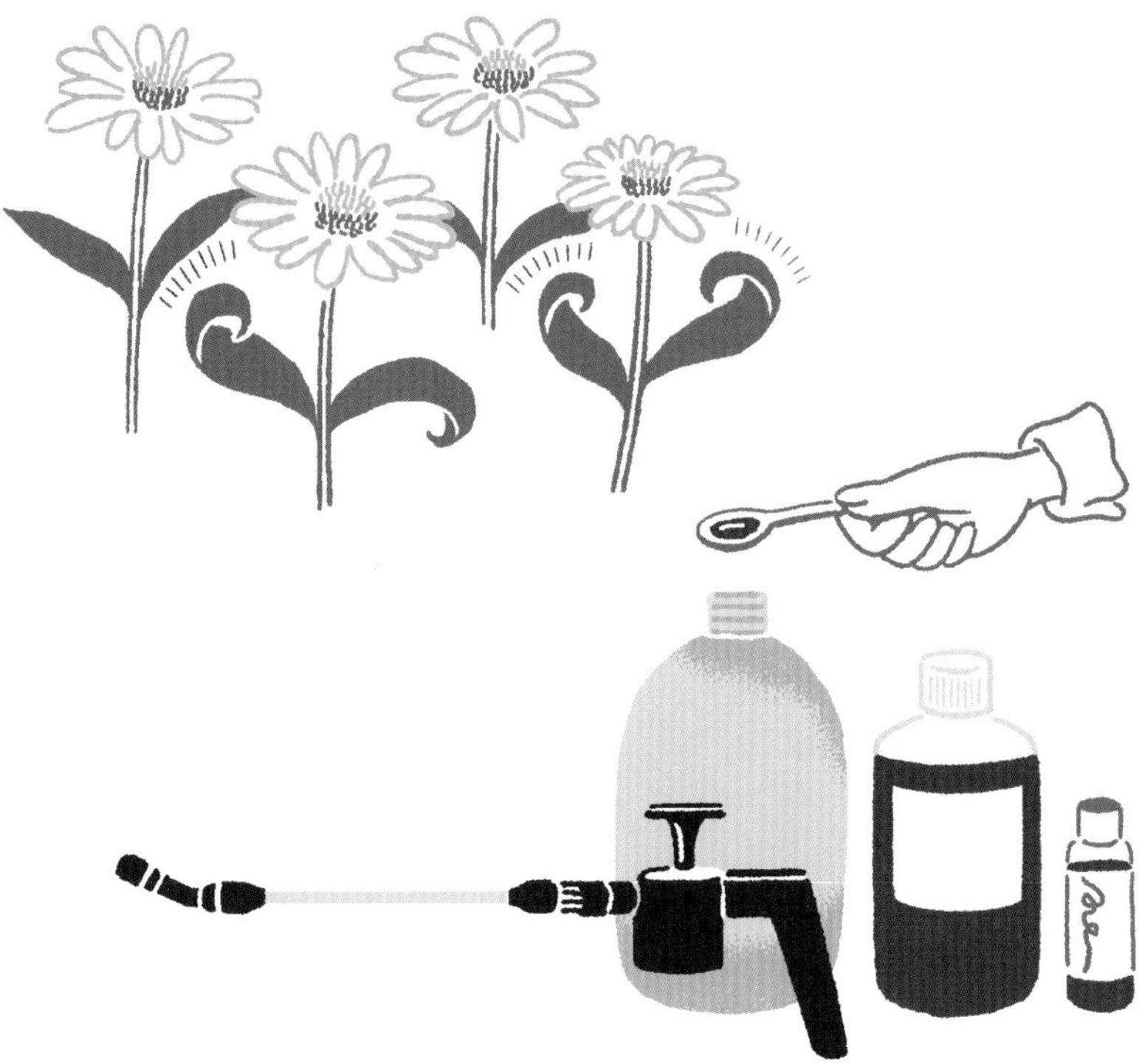

ポイント⑤

生薬で免疫力アップ

オーガニックな庭づくりでは、病気や虫が発生するたびに薬剤で対処する従来の発想ではなく、病害虫が出る前に防除することを心がけます。たとえるなら、免疫力を高めることで病気になりにくい体をつくる、東洋医学的な視点に立ったガーデニングとでもいえるでしょうか。

そこで活用するのが、天然由来成分の資材で、私は「生薬エキス」と呼んでいます。定期的に散布することで、植物が本来もっている生命力を最大限引き出してくれるため、植物はいきいきとして、病害虫にも強くなります。天然由来成分なので、化学的な農薬と違い、繰り返し使用しても植物に耐性がついて効果がなくなるということがありません。また、土壌に落ちれば、土壌改良材としても役立ち、植物の生長を助けてくれます。

世界で注目を集めるナチュラリスティックガーデン

ナチュラリスティックとは「自然主義的な」という意味です。ナチュラリスティックガーデンは簡単にいえば、その土地の環境に合った宿根草を中心にデザインされた、自然な雰囲気をもつ庭のこと。芽吹きから枯れるまで、植物の自然の営みそのままを楽しむという点も特徴です。その多くはオーガニックな手法で手入れされ、生物多様性にも貢献しています。野趣あふれる美しさや、環境への配慮、ローメンテナンスといった観点から、今、ヨーロッパを中心に世界中で注目を集めている庭づくりのスタイルです。

こういった考えで庭づくりを実践するガーデンデザイナーとして世界的に有名なのが、ピート・アウドルフさん。手がけた庭はたくさんありますが、ニューヨークの高架廃線跡を再開発した空中庭園「ハイライン」などが有名です。また、二〇一七年にはドキュメンタリー映画『FIVE SEASONS : The Gardens of Piet Oudolf』がアメリカで製作され、日本でも翌年に公開されました。原題の〝五つの季節〟とは、秋に始まり、再び巡りくる秋で終わる「自然の営み」が見せる季節ごとの美しいサイクルのことで、ピートさんの考えが凝縮されています。その象徴ともいえるのが、秋から冬にかけて残るシードヘッド。タネがついて立ち枯れる様子に、私たちは植物の一生を知り、寒空の下で風に揺れる荒涼とした風景に、新しい美しさを発見するのです。これまで多くのガーデンでは観賞のピーク時がありましたが、「最盛期を過ぎて、枯れていく姿さえも美しい」とするのがナチュラリスティックガーデンで、庭に対する価値観が揺さぶられます。

さらにナチュラリスティックガーデンでは、植物のことだけでなく、周囲の生きものや生態系のことなども含め、広い視野で考えます。また、庭の手入れを地域の人たちがボランティアで行うなど、新しいコミュニティの形成などにも役立ちます。ガーデニングをきっかけに、文化的な活動が複合的に行われていることが多く、日本でもこのようなガーデンが増えてきています。

前述したニューヨークの「ハイライン」の植栽コンセプトを見ていくと、「ニューヨークの土地に合う、丈夫で乾燥に強く、維持管理に手間のかからない植物を選ぶ」とか、「ガーデンに必要な資材や植物は一六〇キロ圏内で調達する」とか、「ガーデンで出るゴミを堆肥化し、戻す循環システムを取り込む」とか、「無化学肥料、無農薬で管理する」などと書かれています。自然環境への関心の高まりとともに、オーガニックガーデンは特別なことではなくなっているように感じます。

ピート・アウドルフさんの手がけた庭を紹介する書籍も多数出版されている。季節の移り変わりによって庭がダイナミックに変化していく様子がわかる。

Part.2

オーガニックな5つの庭

5 organic gardens

オーガニックな庭とは、実際にどんな庭なのでしょうか。
ここでは、私が手がけている庭の事例を紹介します。
庭の設計から携わっているもの、
リニューアルから携わっているもの、
メンテナンスを請け負っているものなど、
関わり方はさまざまです。
庭の雰囲気もそれぞれに違っていますが、
オーガニックで庭づくりをする際のポイントが
いろいろとありますので、ぜひ参考にしてください。

葉の色、形で魅せる リーフガーデン

●神奈川県　箱根町
星の王子さまミュージアム

アジサイ`アナベル′（左手前）の右にはプリペット`レモンアンドライム′を植え、アルケミラ・モリスが通路を縁取る。緑葉と黄色がかった緑が響き合う。

カラーリーフガーデンは
ローメンテナンス

神奈川県箱根町の、「星の王子さまミュージアム」。そのエントランスを抜けると、明るくさわやかな色合いのカラーリーフガーデンが出迎えてくれます。六月には34〜35ページの写真のように、ライムグリーン色の葉が特徴的な低木・プリペット越しに、黄緑色の葉のアルケミラ・モリスや紫色のサルビアなどが広がり、色彩のコントラストも鮮やかです。

このガーデンにはガーデニングのプロが常駐しておらず、日常の手入れはミュージアムのスタッフが担当しています。そのため、手間のかからないローメンテナンスな庭づくりが求められました。ただし、お客様に見てもらう庭ですから、華やかさは欠かせません。長年試行錯誤し、葉の色や形で目を楽しませてくれるカラーリーフガーデンに落ち着いてきました。

花は、華やかさはあるものの開花期間は限られています。また、花がら摘みなどの手入れも必要です。一方、リーフ類は、落葉期を除き、長期間楽しませてくれる上、手入れも少なくてすみます。さらに宿根草のリーフを選べば、一度植えつければ毎年新芽を出し、植え替える手間もかかりません。葉の色や形、サイズはバリエーション豊富なので、組み合わせしだいで、魅力あふれるカラーリーフを主体としたガーデンがつくれるのです。

箱根の環境に合った植物を組み合わせて

カラーリーフガーデンは、オーガニックな庭づくりを実践しやすいガーデンスタイルでもあります。このガーデンを、24〜29ページで紹介した、オーガニックな庭づくりの五つのポイントに沿って紹介していきましょう。

まず、「①環境に合った植物を育てる」です。このガーデンがあるのは、箱根の仙石原エリア、標高は六四五メートルです。そのため、麓の箱根湯本より平均気温は三〜四度低く、冬は土が凍る日もあります。一方、夏は霧や夕立が発生しやすく、湿度は高めと、育てられる植物を選ぶ環境です。そこで、植物を探す上でお手本にしたのが、近くにある箱根湿生花園。箱根・仙石原のような、湿度の高い地域に生育している植物を中心とした植物園で、フウチソウなど、ガーデニングで使われる品種も目にすることができます。フウチソウは学名をハコネクロアといい、箱根近辺で多く見られることから名づけられたようです。アスチルベの在来種であるチダケサシの他、六月には姿はありませんが秋になると花を咲かせるワレモコウなど、湿生花園にある在来種を参考に園芸品種を選んだものもあります。

「②原種に近いものを植える」という点ではシュウメイギク、アルケミラ・モリスなどがその例です。「③多種多様な品種を植える」は、写真をご覧いただく

→黄緑色のアルケミラ・モリスの花と、紫色の花、サルビア・ネモローサやペンステモン‵ハスカーレッド′との対比は庭のポイントに。

細長い葉のフウチソウは、斑入りのものを選ぶと日陰の庭も明るく。

白い斑入りのブルンネラ‵ジャックフロスト′。日陰でも育つ上品なリーフ。

花火のようなアリウム・シューベルティ、白いオーニソガラム。ともに初夏に咲く球根植物。

と、色や形、サイズ感などさまざまな植物を混植しているのがわかるでしょう。リーフ類が主体とはいえ、花の咲くものは花がら摘みをしたり、茂りすぎた樹木の枝を剪定したりと、「④適切な手入れで健全に育てる」ことも行っています。また、樹木などは、必要に応じて「⑤生薬で免疫力アップ」させています。

高低差、色や形の違いで互いを引き立て合う

次に、ガーデンのデザインや植栽について見ていきましょう。

緩やかにカーブする通路の両脇に植栽エリアが広がっています。樹木は必須ではありませんが、配置することでガーデン全体に奥行き感が生まれ、空間に広がりを感じられるようになります。さらに、樹木の葉が日差しを遮り、半日陰のエリアができることで植物のバリエーションを増やせ、庭に変化をつけることができます。

箱根・仙石原の環境に合う植物を多品種植えているなか、ガーデンの骨格を形作っているのは、アジサイの仲間のアナベル、通路際を縁取るアルケミラ・モリス、高性で紫色の花穂が印象的なベロニカストラム・シビリカム、ブラウンカラーが個性的なアスチルベ〝チョコレートショーグン〟、細葉がこんもり茂るフウチソウなど。高低差のある植物の個性を生かし、立体感を庭に生み出します。

アナベルは初夏に白い花が咲き、その後、花がらを残したままでも絵になります。アルケミラ・モリスは勢いよく生い茂り、通路の縁を隠してしまっても、汚らしく乱れた印象はそれほど感じないでしょう。とはいえ、花がある程度咲ききったタイミングで剪定することで、葉を美しく保つことができます。人間の都合で多少手入れのタイミングがずれても、ガーデンの見映えを損なわない植物を選ぶこともローメンテナンスな庭を実現するには大切な要素です。

大きな緑葉のアナベルの横には、アナベルよりも少し低く、小葉で色合いの異なるプリペット′レモンアンドライム′を植え、お互いを引き立て合っています。葉の色や形、サイズの異なる植物を組み合わせることで、植物単体だけでは気づかなかった魅力に気づけるでしょう。植物の組み合わせを考えるとき、確認してほしいのが、生長したときのサイズ感。植物が生長したときのサイズ感をわかった上で、高低差をつけると躍動感のある豊かな庭になります。

カラーリーフガーデンに、季節の彩りを添えてくれるのが、球根植物です。時期になれば新芽が芽吹き、花芽が上がり、開花。そして、花期が終われば自然と枯れて、翌年の芽吹きをじっと待っています。花咲く植物ですが、球根は手入れがとても簡単で、ローメンテナンスな庭に欠かせない存在です。この庭では、春から初夏にかけて、スイセン、シラー、オーニソガラムなどの球根植物がリレーしていきます。

五〇種あまりのバラが咲く
ローズガーデン

●神奈川県　箱根町
星の王子さまミュージアム

宿根草を組み合わせた、ナチュラルなローズガーデン。穂状に花をつけるアスチルベや傘状に咲く白いバレリアナ・オフィシナリスが、動きと彩りを添える。

ローズガーデンも オーガニックで

「星の王子さまミュージアム」のカラーリーフガーデン（34〜41ページ）から続くのが、赤やピンク色のバラを主役にした華やかなローズガーデンです。当初は他社が管理する、化学的な農薬や肥料を使ったバラ園だったのですが、このエリアも弊社で受けもつこととなり、オーガニックによるローズガーデンの手入れが始まりました。

これまで化学農薬によって病害虫を抑えていた状態から、急に農薬の散布をしなくなるわけですから、一時的には病害虫の被害は大きくなることもあります。害虫の活動が活発になる期間は、週に一回生薬エキスを散布していますが（生薬エキスについては１４８〜１５１ページを参照）、化学農薬のような即効性はありませんから、切り替えた当初は我慢するしかありません。

被害がひどくならないよう、害虫がいないか、病気は出ていないか、こまめに観察し、害虫なら卵の段階で取り除く、病気なら被害のある葉を枝ごと切り落とすなど、早めの対処で被害を食い止めることが大切です。この耐える期間は、環境やバラの品種などによって異なりますが、二〜三年は覚悟しておくとよいでしょう。その間に、環境に合わないバラは残念ながら淘汰されることもあります。ですが考え方を変えれば、環境に合ったローズガーデンを、もう一度つくり直すチャンスともいえます。

オーガニックに切り替えて三年ほどたつと、ガーデンにやってくる鳥や虫がずいぶん増えてきます。これは、バラにとってよい環境に整えていくことが、他の生きものにとっても暮らしやすい環境になってきていることの表れで、オーガニックガーデンの醍醐味のひとつです。

まずは土壌改良を。焦らずに効果を待つ

ローズガーデンをオーガニックに切り替えるための土台となるのは、なんといっても土壌です。オーガニックに切り替えた最初の年は、バラが休眠する冬の間に土壌改良を行い、土そのものを豊かにすることが大事です。株元を掘り起こし、堆肥などの有機質をすき込みます（土壌改良の方法は１１０〜１１３ページを参照）。一株ごとに土壌改良を行い、その周りの土壌がよくなれば、しだいに植物にもよい影響が出てきます。

リーフガーデンの項目でも触れましたが、箱根・仙石原は冬は土が凍るほど寒いので、土壌改良の後は、堆肥でマルチングして防寒対策も行っています。もちろん、冬と一番花が終わった後の年に二回、有機質の肥料を与えていますから、オーガニックといっても、バラそのものの手入れの仕方は通常と変わりません。

バラと花期が重なるクレマチスを
アーチにからませると、より豪華に。

耐病性の高い`スウィートドリフト´。
四季咲きで、花もちもよい。

耐病性の高いピンクのバラ`ハンスゲーネバイン´の隣にニゲラを植え、やわらかい雰囲気に。

壁面には同系色の2種のバラを這わせて。`ドルトムント′（左上）と`アンジェラ′（右下）。

星の王子さまミュージアムのシンボル的な存在の赤いバラ`チェリーボニカ′。耐病性も高い。

多年草と組み合わせて
ナチュラルスタイルに

ここのローズガーデンに足を踏み入れて、意外とバラ以外の植物が多いことに驚かれるお客様も少なくありません。バラだけで構成されたガーデンも美しいのですが、最近はバラと多年草（宿根草）を半々ぐらいの比率で組み合わせたナチュラルな雰囲気のローズガーデンが世界的にも浸透しており、ここでもそのスタイルを取り入れています。また、オーガニックで育てるなら、多年草を取り入れるほうが、手入れもラクになります。

バラと多年草を組み合わせた庭をデザインするとき、注目してほしいのは、花のフォルムや色合いです。フォルムについては、バラが丸く咲くのに対して、穂状に咲くものや傘状に咲くものなど、花形の違う植物を組み合わせると、バラの魅力を引き立ててくれるでしょう。ここでは一例ですが、穂状に咲くものとしてアスチルベ、傘状に咲くものとしてバレリアナ・オフィシナリスを選んでいます。

色合いは、好みなので正解はありませんが、ピンク系のバラが多いガーデンですから、アスチルベもピンクや白系で、軽やかさとやさしさを感じる白いバレリアナ・オフィシナリスも選んでいます。アーチや壁などを活用すれば、選ぶバラの品種も合わせる植物のバリエーションも増え、庭の景色もより変化に富んだものになります。まずは庭のイメージを決めてから植物を選びましょう。

オーガニックに向く
バラの品種とは？

「オーガニックガーデンに向くバラの品種はなんですか」といった質問をよく受けます。バラであっても品種を選ぶ際は適地適木が基本で、なるべく原種に近いほうが病害虫に強く、丈夫で育てやすい傾向にあります。また、世界でもっとも厳しい審査とされるドイツのＡＤＲ認証（詳しくは98ページを参照）を受けたバラを選ぶというのもひとつの選択肢です。

箱根・仙石原の環境は、冬は寒く、夏は湿度が高いので、バラ栽培に適した土地とはいえません。オーガニックに切り替えるときにダメになったり、寒さにやられたりしたバラもあります。バラの抜けた場所に新しい品種を植えつけるとき、どんなバラを次は育てようか、耐寒性や耐病性といった情報を頼りに吟味します。けれど、実際に育ててみて、はじめてわかることも多くあります。

たとえば′スウィートドリフト′。植えつけた当初は株が小さくて性質がよくわからなかったのですが、定植してみたら、つるバラらしい性質が出てきたので、より個性が発揮できる場所に移植することにしました。

一回植えたら完成ではなく、植物の生長に合わせて変化することを楽しみましょう。まずは育ててみて、環境に合った工夫をあれこれ考え、実践してみることがガーデニングのおもしろさです。

＊星の王子さまミュージアムは、2023年3月末に閉園予定です。

多年草をメインに

枯れてもなお美しい庭

●千葉県 千葉市
神田外語大学

手入れされた野原のような6月末の景観。手前に見えるのは、バーベナ・ボナリエンシス、アガスターシェ‘ブラックアダー’。

大学のキャンパスに
ナチュラリスティックガーデンを

東京湾の埋め立て地、幕張新都心にある神田外語大学。広大な敷地内には植栽エリアが複数あり、その一画を現代的なガーデンにしたいという相談を受けたのが始まりです。そこで、多年草（宿根草）を中心に構成し、自然のあるがままの風景を楽しむ「ナチュラリスティックガーデン」（詳しくは30ページを参照）を提案しました。ローメンテナンスでも見映えのよい庭をキープできることは、予算的にも好都合で、大学側も新しい挑戦をバックアップしてくれています。

この場所の環境に合う植物をリサーチする際に大きなヒントになったのが、キャンパス内にある果樹園。ブルーベリーやリンゴなどが元気に育っている姿を見て、土壌に関しては埋め立て地であることの影響はないと確信しました。ただし、現地を訪れてみて、ビル風の強さや日当たりのよさを実感。日当たりを好み、梅雨時の豪雨や台風などの強風に遭っても倒れにくい植物を選びました。また、ナチュラリスティックガーデンは、植物の立ち枯れた姿も生かす庭なので、エキナセアやアガパンサスのように、開花期だけでなくシードヘッドまで美しい植物を選んでいることもポイントです。

植物を植えつける前には、四季を通じて庭を楽しめるよう、綿密な設計図を描きます。通路を挟んで両脇にある植栽エリアを一体と捉え、緩やかなウエーブを描くように、紫、ピンク&白、ブルーといった色のエリアを決め、各色に合った植物を決めていきます。そして図面に配置していく際には、それぞれの植物の将来のサイズで株間を決めていきます。

苗の植えつけ前に土壌を豊かにする

実際に苗を植えつけたのは、二〇二一年三月。その前には、堆肥などの有機質資材をすき込み、土壌改良を行いました（土壌改良の方法は１１０～１１３ページを参照）。

その後、土の表面を平らに整えたら、いよいよ植えつけ開始です。整地した上に設計図通りにポット苗を仮置きし、全体のバランスを確認したら、植えつけていきます。植えつけ直後は苗と苗の間隔が広く、スカスカです。これで大丈夫？と不安になるかもしれませんが、時間の経過とともに生長していくので心配はいりません。50～51ページの写真は、二〇二二年六月末の景色で、わずか一年ほどでこの生長ぶりです。

ローメンテナンスな庭といいましたが、実際の手入れはどのような感じなのか、続いてお話ししていきましょう。

エキナセア`フラダンサー´と、モナルダのシードヘッド。

アガスターシェ`ブラックアダー´に蜜を集めにやってきたハチの姿も。

大木の下の半日陰エリアには、アジサイ`アナベル´、ガウラ、ユーフォルビア、アマドコロを植えて。

グラス類の中に咲き誇る、白と青紫色のアガパンサスと、
黄色のエキナセア`ハーベストムーン′。

2021年3月。植栽エリアに堆肥をすき込んで土壌改良した後、整地した状態。

設計図に沿って、ポット苗を土の上に仮置きし、位置が決まったら、植えつけていく。

肥料も水やりも不要。ローメンテナンスな庭

ひとくちに「オーガニックガーデン」といってもかなり幅があります。肥料を必要とする植物には有機質の肥料を与えますが、ここはナチュラリスティックな庭なので肥料もまったく与えていません。植物を選ぶ段階で、肥料がなくても育つものを選んでいるからです。もうひとつ、水やりも基本的には行いません。夏、日照りが続いたときなどは、状況を見て水やりをすることもありますが、比較的乾燥に強い植物を選んで組み合わせているのです。

六月の景色を50～51ページで紹介していますが、この年は春に芽吹いてからこのときまで、一度も水やりも雑草取りも行っていませんでした。近づいてよく見れば、雑草はいろいろ生えていますが、見た目にはさほど気にならないと思います。雑草が多少生えても景観をキープできるような植物を選び、組み合わせているから、できることです。

植物の移り変わりで巡りくる季節を感じる

では、一年間の庭の移り変わりを、この六月の景観からお話ししましょう。エ

9月末、50～51ページとほぼ同じ場所。エキナセアなどのシードヘッドが秋らしさを感じさせる。

Autumn

初夏に切り戻し、秋にも咲いている、
アガスターシェ‘ブラックアダー’。

秋に咲く、ピンク色のシュウメイギク。
枯れていく姿も美しい。

アガパンサスのシードヘッド。グラス
類と秋の光に映えてきれい。

エキナセアのシードヘッド。初夏の
花が秋になると、この姿になる。

キナセアは花が終わっても花がらは絵になるので残しておきます。アガスターシェ〝ブラックアダー〟やサルビア類などは、夏以降に二番花、三番花を楽しみたいので、初夏に一度切り戻しを行います。スティパ・テヌイッシマのようなグラス類は、秋までの長い期間、風に揺れ動く美しい穂を楽しめます。花の中にグラス類を点在させることで、庭に軽やかさと躍動感が生まれます。

そして、秋。九月末の景観の一部を58〜59ページで紹介しているように、エキナセアやアガパンサスのシードヘッドが、ピンク色のシュウメイギクやアスターとともにしっとりと落ち着いた趣のあるガーデンを演出してくれます。

晩秋からそのまま冬を迎え、植物はそれぞれ休眠期に入ります。この間、とくに手入れは行いません。そして、春の芽吹き前にすべての株を地際から切り戻す、スプリングカットバックという作業を行います。植物の地上部をすべて切り取るため、表土が丸見え状態になりますが、同時に土壌の上に堆肥を敷き詰め、マルチングします。これは、土壌を豊かにするためです。

寒さが緩む三月からは黄色いスイセンやアネモネ、原種系チューリップなどが芽吹き、色鮮やかに花を咲かせます。ちょうど大学の卒業式や入学式と重なる季節であり、ガーデンの花たちが学生さんたちの門出を賑やかにお祝いしてくれるように、と考えたのです。気温の上昇とともに植物は生長し、再び六月ごろには、50〜51ページの景色が繰り返されます。

予定通りにならないのも庭づくりのおもしろさ

一年間の大まかなサイクルをお話ししてきましたが、その年の気象条件、植物同士の力関係などによって、植物の生育具合は毎年同じではありません。あっちの植物は生育旺盛なのに、こっちの植物は他の植物の勢いに押されて衰退ぎみ、といった変化もあります。

植えつけから三年もたつころには、最初の設計図とは違う場所にこぼれダネで殖えたり、株分けできるほど株が大きくなってきたり。あるいは、勢いのある植物に追いやられて衰退してしまう植物もあります。

庭の変化に応じて、たとえば、あまりにも生育旺盛な植物があれば、これ以上殖えないよう、どんどん抜いて生育を抑えることもあります。また、一度植えてみたものの、日陰すぎて環境が合っていないと思えば、休眠期に移植することも。こぼれダネで殖えすぎたり、生えてほしくない場所に芽吹いたりしたら、抜き取ります。それをガーデナー仲間にあげたりしても楽しいものです。

最初に設計図を描きますが、その通りにいかなくても失敗ではありません。庭のコンセプトから外れないようにしつつ、自然の変化に合わせて手入れをしていくことが大切です。鳥や虫も増えて、庭全体が賑やかでいきいきとしてくれば、そこに暮らし、集う人間にとっても心地よい環境になっていきます。

神田外語大学
千葉県千葉市美浜区若葉1-4-1
TEL:043-273-1322
https://www.kandagaigo.ac.jp/kuis/

オリーブがシンボルツリー

屋上ポタジェガーデン

●東京都　港区

フィリップ・ミル　東京

乾燥しやすい屋上は、地中海気候を好む植物に最適な環境で、オリーブの生育にもぴったり。常緑の葉は一年中美しく、秋には実の収穫も楽しめる。

地上四階のテラスガーデンは地中海気候の植物に最適

東京・六本木のランドマーク「東京ミッドタウン」の四階にある、フレンチレストランのフィリップ・ミル 東京。店舗のコンセプトが変わる際に、オリーブのみを残してテラス部分のガーデンをリニューアルし、その後も植栽管理を任されています。

店内に入ったお客様の視線が真っ先に向かうのは、シンボルツリーのオリーブです。どの席からでも眺められるよう、オリーブが連続して植えられています。「大都会の真ん中で、オリーブがこんなにたくさん元気に育つんですね」と、お客様は異口同音に驚かれます。

84ページでも紹介しますが、植物には環境に少しずつ慣れて適応する能力があり、オリーブも例外ではありません。現在ではオリーブを東京でも育てられるようになりましたが、もともとの原産地は地中海沿岸です。じつは地植えではなく、ビルの四階という環境が、オリーブの生育にとっては好都合のようです。

屋上をはじめ、地上より高いビルのテラスなどに植栽する場合は、屋上緑化用の人工軽量土を使います。この土はパーライトなどを混入して軽量化され、水はけがよいなどの特徴があります。プランターは巨大なサイズでも深さはそれほどありませんから、土の量は限られます。また、高層階になるほど風が強く、乾燥しやすいといえます。同じ場所でも地植えと高い場所では、環境が異なってくるのです。地上四階のこのガーデンを含め、東京あたりでは上層階は日がよく当たって風通しがよく、人工土壌のために乾燥ぎみになるので、オリーブだけでなく、ハーブなど、乾燥を好む植物にも適した環境といえます。

常緑のオリーブは一年中楽しめ、実の収穫も

もう少しオリーブの話をしましょう。オリーブは生長が早く、自然に任せておけば、樹高一〇メートルにもなりますが、四階のテラスガーデンでは土の量が限られているため、あまり高くすると倒れる恐れがあります。剪定をして樹高をコントロールすることも大切です。また、病害虫を予防するために、害虫の活動が盛んになる期間は、定期的に生薬エキスを散布しています。テラスは食事を楽しんでいただく空間でもあるので、オーガニックで植物を育てることは、お客様に安心して料理を味わっていただくことにもつながります。

秋はオリーブの実の収穫の季節です。常緑樹なので冬でも葉が美しく、その上、採った実を味わえるという楽しみまであるのがオリーブの魅力。実は塩漬けにして、レストランでお客様に提供されることがあり、お客様との会話のきっかけになることも少なくありません。

9月。アガパンサスのシードヘッドにトンボが止まり、秋の訪れを実感。

ポタジェの縁を虫よけ効果のあるラベンダーで囲むように植えて。

シェフは毎朝、その日に使うハーブを収穫。この日はタイムとローズマリーを収穫し、鶏肉料理に使用。

手長海老のポワレに、庭で収穫したエディブルフラワーをのせて。

秋に実をつけたオリーブ。収穫後は塩漬けにし、お客様に提供し、喜ばれている。

3月。オレンジ色のキルタンサス、白や黄色のフリージアなどの球根花が伸びやかに咲き、春を告げる。

6月。白いダッチアイリスと青紫のアガパンサスで涼やかな印象の庭に。

5月。ペンステモン・スモーリー、リナリア・プルプレアといった紫色の花が、さわやかな初夏を感じさせる。

晩秋〜冬。サンゴミズキの黄葉が散ると、赤サンゴのような枝が冬の庭を彩る。

摘みたてを味わえる小さなポタジェも

テラスガーデンをデザインするときに、料理に使うハーブやエディブルフラワーを植えるポタジェもつくってほしいと相談されました。毎朝、その日のメニューに合わせて収穫し、フレッシュなハーブを料理に使えることは、シェフたちにとって喜びであり、料理の彩りにも重宝しているようです。

ポタジェの害虫対策として、縁をラベンダーで囲うようにし、植栽部分にはチャイブをクロスするように植えています。ラベンダーもチャイブも虫よけ効果のあるハーブなのです。ローズマリーやタイム、レモングラス、レモンバーベナなどのおなじみのハーブの他、エディブルフラワーとして楽しめるペンタスやビオラなどを季節ごとに植え替えます。摘みたてのフレッシュなエディブルフラワーを提供できるのは、オーガニックだからこそ。シェフから、次はこんなハーブを育ててほしいというリクエストをもらうこともあり、常に相談しながらポタジェは変化しています。

オーガニックで管理していると、テラス席で食事を楽しんでいるお客様の近くまで、チョウやトンボなどの生きものが姿を見せることも珍しくありません。「六本木にもトンボがいるんですね」と、驚かれる方も。都会にいながら自然に触れられて、開放的な気分を味わえる貴重な空間にもなっています。

多年草から感じる
季節ごとの色彩の移り変わり

オリーブの株元は、環境に合った多年草を中心に、ナチュラルで季節の移り変わりが楽しめる植栽にしています。とはいえ、ここでは植物は料理を引き立てる存在と考え、控えめな色の花やシックな葉色の植物で揃えています。

春は黄色いスイセンや白いフリージアなどが咲き、賑やか。ピンクや紫のペンステモン・スモーリーやリナリア・プルプレアなどが初夏の訪れを告げます。夏が近づくと、紫のアガパンサスや白いダッチアイリスへとリレーします。やがて秋になれば、アガパンサスのシードヘッドなどの枯れ姿や、カラマグロスティスなどのグラス類が目を楽しませてくれます。冬にはクリスマスローズがうつむくように咲いて、ガーデンも静か。そしてまた、賑やかな春が巡ってきます。

お客様を楽しませる工夫はまだあります。着席して食事や会話を楽しみながら、ときにガーデンを眺めるお客様の視界を植物で遮ってしまうと、圧迫感を与えかねません。お客様の視界に心地よい適度な抜け感が生まれるよう、さりげなく植物の高さにもこだわっています。

ディナータイムには、ガーデンのライトアップも行っています。とくに秋から初冬のシードヘッドを楽しめる季節は、光に浮かび上がるシルエットが、まるで影絵のように幻想的です。昼と夜、ガーデンの楽しみは尽きません。

フィリップ・ミル 東京
東京都港区赤坂9-7-4
東京ミッドタウン ガーデンテラス 4F
TEL:03-5413-3282
https://www.hiramatsurestaurant.jp/philippe-mille/

家庭菜園を楽しむ 小さな庭

●神奈川県　横浜市
K邸

他人から見られるのが、エントランスの植栽。手入れはラクなのに
一年を通して明るく、気持ちのよい空間が維持できる植物を選ぶ。

古くからある井戸を利用した、小さな和風ガーデン。井戸は今も現役。
周囲には半日陰を好む植物で涼しげな雰囲気を演出している。

オーガニックガーデンの始まりは、家庭菜園

商業施設だけでなく、個人邸の庭の相談や設計なども手がけています。個人のお宅でよくある依頼のポイントは、二つ。ひとつは、手入れがラクなこと。もうひとつは年間を通して庭のどこかで花が常に咲いている植栽にしてほしいというご要望です。

また、最近はバックヤード（裏庭）で家庭菜園を始める方も多く、「なるべくなら化学的な農薬や肥料を使いたくありません」とか、「野菜がオーガニックでできるなら、花もオーガニックで育てられますか」などのお問い合わせも増えています。家庭菜園をきっかけに、庭全体をオーガニックに切り替える、というケースも徐々に多くなってきている印象です。

こちらの個人邸も、手入れはできるだけ少なく、かつオーガニックで、さらに家庭菜園も楽しめるという庭になっています。今回ご紹介するおもなエリアは、エントランス、家庭菜園、そして坪庭風のスペースの三か所です。

まずはエントランスです。エントランスは、よその人の視線にさらされる、外に開けたパブリックな空間ですから、いつも明るくきれいに整えておきたい場所です。そして、限られたスペースだからこそ、奥行き感を演出して広々と見せたいところ。手前にある植栽スペースの植物は低くして開放的にしています。

ただ、それだけでは玄関先が丸見えになってしまいます。そこで、一段高くなったところに抜け感のある構造物を造り、プミラを這わせました。こうすることで、見えすぎないけれどほどよい開放感も出て、玄関の雰囲気がぐっとよくなります。こうした構造物がなくても、落葉樹などをうまく配置して奥行き感を出す方法などもあります。

常緑の低木と球根植物で花の途切れないエントランス

では、エントランスの植栽を詳しく紹介していきましょう。常緑のオリーブをシンボルツリーにし、その手前には常緑の低木と球根植物で構成して、一年中花のある庭を実現しています。低木には、黄色がかった斑入り葉が空間を明るくするアベリア'ホープレイズ'を選んでいます。球根は、春にスイセン、夏はユリ、秋はネリネが咲き、季節を彩ります。花のなくなる冬は、葉色のきれいなヒューケラなどのカラーリーフのおかげで寂しい印象になりません。

年間を通して、生薬エキスの散布や施肥もあまりしていませんが、大きなトラブルは出ていません。雑草は早めに抜く、土が乾いたらたっぷりと水やりをするなど、基本的な手入れをしっかりと実践することで、きれいな状態が維持されています。

９月の菜園。シソやオクラはまだまだ収穫できるが、終わった夏野菜を片づけた後に、レタスやミズナなどの秋野菜を植えたところ。

5月初旬。八重咲きの黄色いモッコウバラ。
強剪定して花を大きく咲かせている。

八重咲きのクレマチス‵ベルオブウォーキング′。つる性で5～6月に開花。

排気口の強風が当たり、なおかつ雨が当たらない過酷な環境に適応して育つ、観賞用アスパラガス‵メイリー′。

5月ごろ。菜園を縁取るように植えたイチゴがたくさん実り、愛らしい（上）。8月。黄色いオクラの花やなり姿を見られるのも、育てている人の特権（下）。

レタスとミズナ。3苗で三角形を描くように植えて見映えよく（上）。たわわに実ったトマト。水やりを控えめにして、糖度を高くする（下）。

家族の会話が弾む家庭菜園は生物多様性を実感する空間

続いては、家庭菜園です。植え替えのたびに堆肥や肥料をすき込み、ガーデンの他のエリアとは土の構成が違うため、ブロックなどで菜園エリアを仕切っています。74ページの写真はちょうど夏から秋に切り替わるタイミング。春先に植えた夏野菜の残りと、秋に向けて育てるレタスやブロッコリーなどの植えつけた直後の苗が育っています。新しい苗を植えつける前に堆肥をすき込み、土壌の通気性や透水性をよくしておき、野菜の生長を促します。より多くの実がつくように、トマトなどの野菜には、適宜肥料を与えます。

写真の右端のほうにふんわりと茂っているのは、アスパラガスの葉です。野菜の大半は収穫して終わりですが、アスパラガスは冬になると地上部は枯れても地下茎や根は残っていて、春になると新芽を出します。それを株元から切って食べますが、少し残しておいて茎を太らせると、翌年も収穫できます。地上部が枯れた冬の間に堆肥でマルチングして、土壌を豊かにしておくと、春により太いアスパラガスを収穫することができます。

バックヤードにある家庭菜園は、家族だけで楽しむスペース。「どんな野菜を今年は育てようか?」など、家族の会話のきっかけにも。さらに、オーガニックなら、生きものを身近に感じるよいきっかけにもなります。

狭くて過酷な環境でも
そこに合った植物なら大丈夫

最後は、坪庭風の和風ガーデンです。半日陰の場所に井戸があり、その周りに半日陰を好むクリスマスローズやノシラン‘ビッタータス’を植え、玉砂利を敷いています。じつはここ、玄関から室内に入ると正面の大きな窓から眺められる設計になっており、来客をもてなす役割も担っています。そのため、常緑で花がらが残っていても汚く見えないクリスマスローズなどが活躍しています。

その他に、狭い空間で植物を植えて楽しんでいる場所が二つあります。ひとつは、キッチンの換気口から出る風を吐き出す排気ダクト口の下の空間。この熱風と軒下で雨が当たらないという過酷な条件に耐えられる植物は少なく、試行錯誤の末、観賞用のアスパラガスとジャーマンアイリスに落ち着きました。とても丈夫で、手がかかりません。

もうひとつは、塀を利用したバラの栽培です。つるバラを塀に沿って横に伸ばしていけば、空間を有効活用できます。環境に合い、なおかつ原種に近い品種を選んでいるおかげで、生薬エキスの散布もあまりしていません。自宅で楽しむバラですから、多少の黒点病は気にしなくて大丈夫。土壌がよく、免疫力のあるバラなら、多少の病気を気にしなければ、あまり手がかかりません。たわわに咲くバラは庭を明るく華やかにし、室内から眺める景観を美しくしてくれます。

ガーデニングが楽しくなる道具

よく使う道具は、物置ではなく使いたいときにサッと取り出せるよう庭の一画に「片づけの定位置」を決めると、庭仕事がスムーズになります。言い換えれば、隠す収納から見せる収納にするわけですから、出しっぱなしにしてもかっこいい道具を揃えることをおすすめします。道具の色合いを統一する、好きなメーカー製で揃えるなど、こだわりポイントはいくらでもあります。とはいえ、デザインはいいけれど、使い勝手がイマイチでは困ります。使い勝手、自分好みの色やデザイン、庭の景観との相性など、ぴったりの道具を探す時間も楽しみのひとつと考え、気長に探してみてはいかがでしょうか。

たとえば、水やりに使う散水ホース。長く伸ばしたホースを使用後、巻き取るときに力がいったり、手が汚れたりするのは使い勝手が悪く、嫌なもの。自動巻き取りタイプにするという選択もあります。ホース自体もいろいろな色の商品が出ているので、茶色やモスグリーンなど、庭になじむ色合いのものを選んでもいいでしょう。

また、固形タイプの肥料などは、パッケージのまま並べて置くと、デザインがバラバラでごちゃついた印象になりがち。お揃いの入れ物に移し替えて並べるだけですっきりとし、見映えもよくなります。移し替えることによって、使いかけ忘れ防止にもつながります。

作業用の手袋も、近ごろでは使い勝手とデザイン性が両立した、カラフルなものが増えてきました。

左下の写真で私が腰にぶら下げているのは、オニヤンマの姿を模した虫よけグッズです。自然界で、蚊やアブ、ハチなどにとって天敵といえる存在の〝オニヤンマ〟を身につけることで、虫たちが嫌がって逃げていく、という渓流釣りをする人たちのアイディアから広まった人気の商品です。殺虫剤不使用で、人間にとって嫌な虫を遠ざけられるアイディアと遊び心に惹かれました。こんなアイテムに出合えることも、ガーデニングの楽しさです。みなさんにもおもしろがってもらえたら嬉しいです。

色や形など、好みのものを揃えるのも楽しい。はさみの左にあるのは球根を植えるための「バルブプランター」。

オニヤンマを模した虫よけ。ストラップで腰に下げたり、ピンで帽子につけたりしても。

Part.3

庭づくりの基本

gardening basics

ガーデニングをする人に知っておいてほしい、
庭づくりの基本を解説します。
とくに、オーガニックな手法で庭づくりをするなら、
環境変化に適応できる植栽にするために
植物そのものの生命力を最大限に引き出します。
それには、まずは植物の種類や生態、
そして庭の環境を把握してから、
その環境に適した植物を植えましょう。
土づくり、植えつけなどの作業や、
剪定などの手入れも紹介します。

植物の分類

植物にはどんな種類があるのか、分類していきましょう。まず、木と草に大別されます。植物学的に、木を「木本《もくほん》」、草を「草本《そうほん》」といいます。

草本は、「多年草」と「一年草」に分かれます。多年草とは何か、ススキを例に挙げて説明しましょう。春に新芽を出して生長すると、秋にタネができ、繁殖のためにタネを飛ばします。寒さとともに地上部は枯れますが、株自体は地中に残っていて、翌年も同じサイクルを繰り返します。多年草は宿根草ともいい、球根類も多年草の仲間です。冬になっても地上部が青々と茂っているクリスマスローズなどは、常緑多年草とも呼ばれます。

一方、「一年草」は、タネが発芽してから、次にタネができて枯死するまでが一年以内の植物のことです。ジギタリスのように、タネまきから開花までに二年かかる植物は「二年草」といいます。

続いて、木本です。生活形で分ける場合は、葉が一年中茂っている「常緑樹」と、寒くなると落葉し、翌春また芽吹く「落葉樹」があります。葉の形で分ける場合は、針のように細く尖った葉をもつ「針葉樹」と、広くて平たい葉をもつ「広葉樹」があります。たとえば、サクラは落葉広葉樹で、マツなら常緑針葉樹となります。

さらに、ガーデニングでは樹高による分類も考慮します。本来三メートル以上に育つものが「高木」、一メートル未満が「低木」、一メートル以上三メートル未満を「中木」と区別しています。たとえば、シラカシ。最初は一メートルの苗木でも生育すれば三メートル以上になります。最終形を知らずに植えると、思いがけない生長に戸惑うことも。樹木がどのカテゴリーに属しているかを知ることは、手入れの適期を知ることにもつながります。

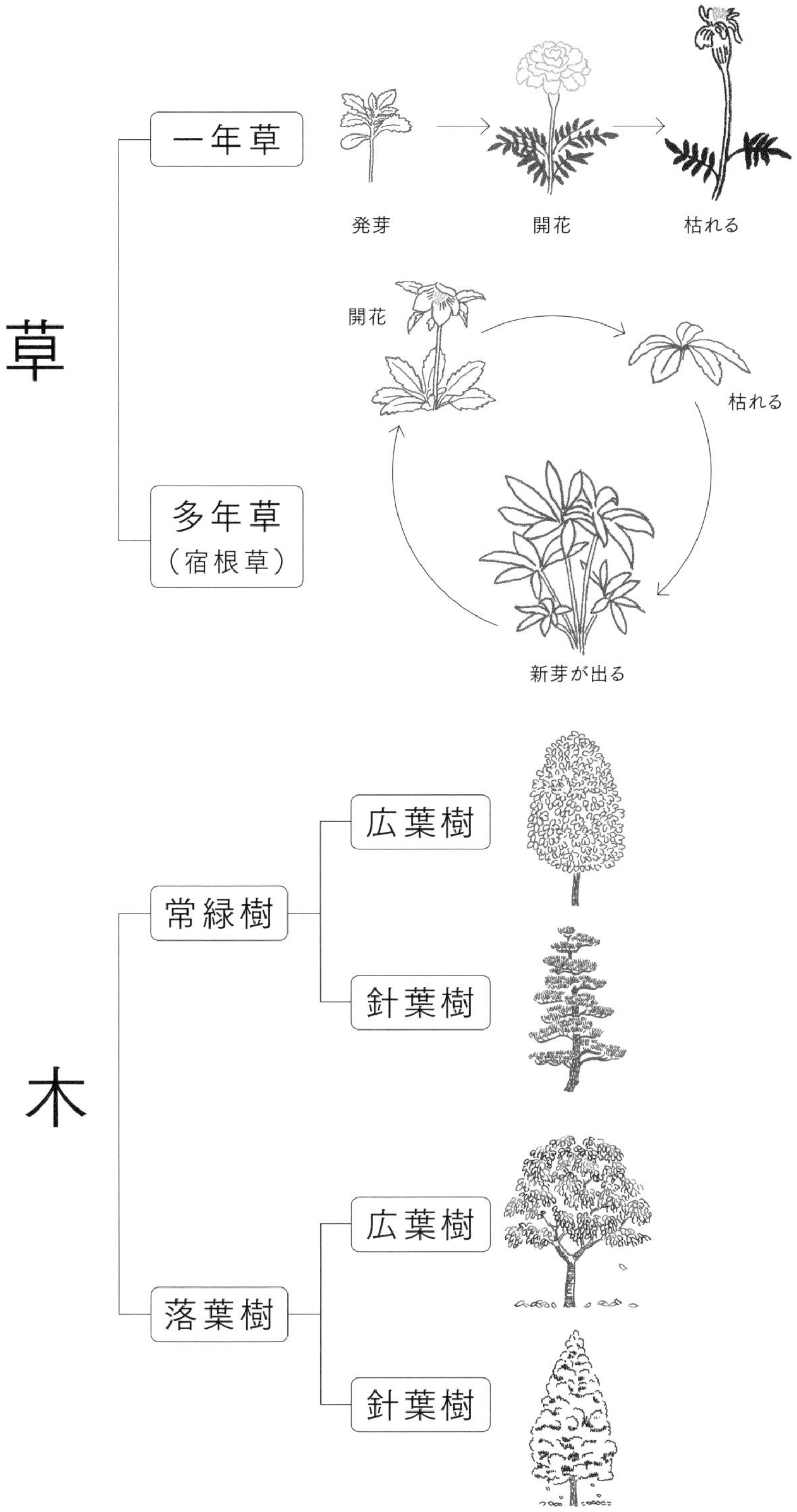
草
一年草
発芽
開花
枯れる
多年草
（宿根草）
開花
枯れる
新芽が出る
木
常緑樹
広葉樹
針葉樹
落葉樹
広葉樹
針葉樹

植物の分布

どんな植物がどんな地域に自生しているのかを大まかに知っておくと、庭で育てる植物を選ぶ際の参考になります。ここでは、植生に注目し、世界の気候を年間の降水量の変化と気温によって大まかに分類したものを紹介します。これは、植物を育てる上でとても役に立ちます。

日本を例に挙げると、大陸東岸気候型だとわかります。気候に合った植物としては、ユリやキク、アイリス類などがあり、よく育ちます。一方、いわゆるハーブの生育適地を見ると、地中海気候型。年間降水量が日本の半分以下と少なく、夏は涼しく乾燥しています。ラベンダーなどが日本の夏に弱いのは、高温多湿な環境が合わないからです。チューリップなどの球根類も同じく地中海気候が原産地。ヨーロッパなどの雨が少ない地域では植えっぱなしで平気ですが、雨の多い日本では腐りやすいため、夏の間に掘り上げて休眠させることもあります。植物の原産地や特性を事前に調べ、生育環境に合ったものを選ぶことが大事です。

一方で、植物には環境に慣れていく能力もあります。たとえば、庭木で人気のオリーブは明治時代に国内の数か所で実験的に植えられましたが、結局、原産地の地中海沿岸と似て温暖な気候の香川県の小豆島でのみ生き残りました。庭木として流行し始めたのは一九九〇年代後半。その当時は東京あたりでは冬の寒さで枯死してしまうと敬遠されていました。それが、人気とともに愛知県や千葉県でも苗木が生産されるようになり、そこで生き残った個体は関東地方でも生育できるように。今では、宮城県でも栽培されています。

苗木を購入する際は、近隣の畑で育ったものを選ぶほうが環境に適合しやすく、うまく育ちます。

[地中海気候型]

年間降水量400～800㎜。夏は涼しく乾燥している。冬は湿潤、温暖（7～8℃）。

チューリップなど

[北地気候型]

高山の頂部、寒帯、亜寒帯。

高山植物など

[大陸東岸気候型]

年間降水量1000～1500㎜。夏と冬の温度差が大きく、冬季よりも夏季の雨量が多い。

キクなど

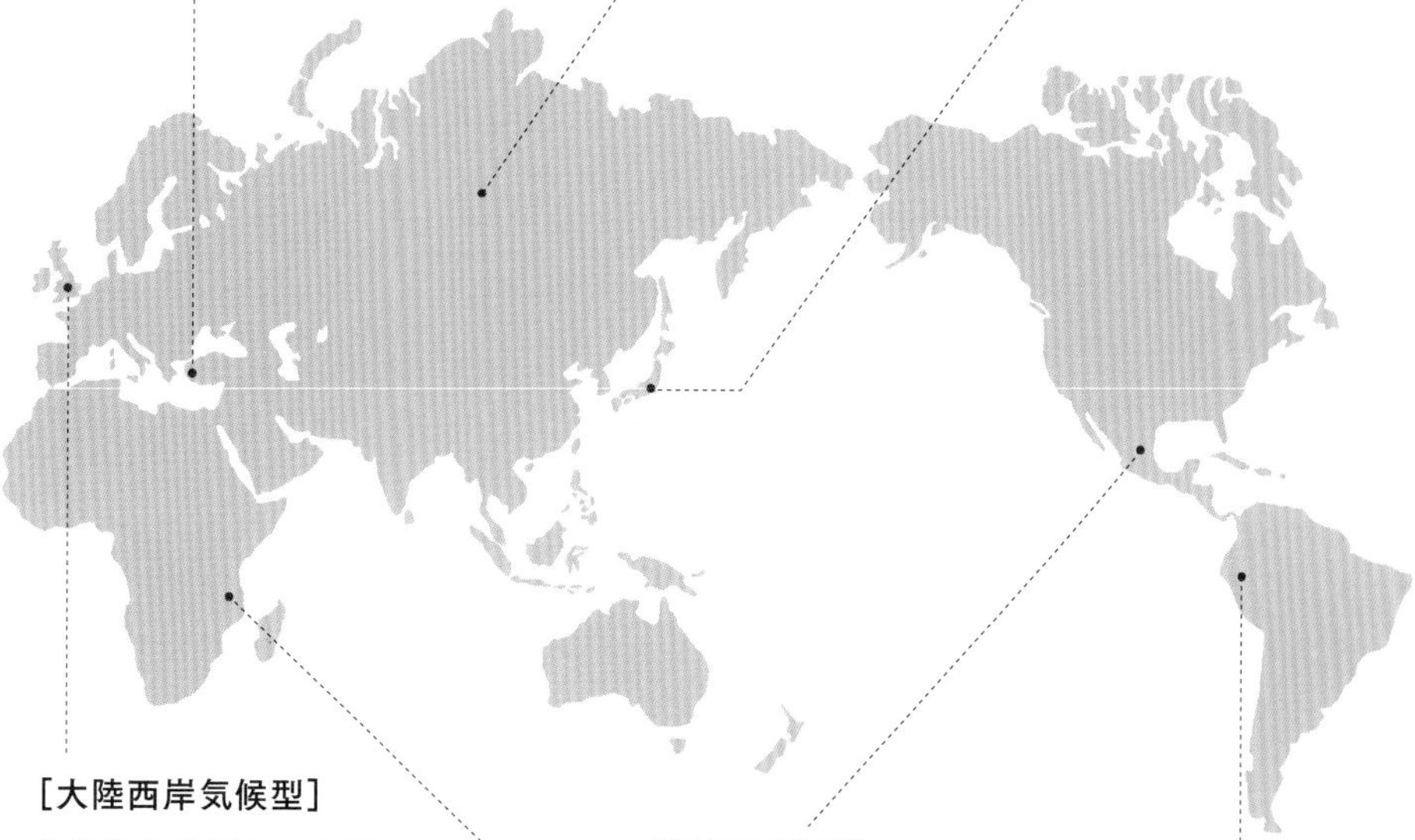

[大陸西岸気候型]

年間降水量500～1000㎜。夏は冷涼（20℃）で乾燥、冬は比較的温暖（4～8℃）。

パンジーなど

[熱帯気候型]

通年気温が高い。通年雨量の多い地域と、雨期と乾期が存在する地域がある。

インパチェンスなど

[砂漠気候型]

大陸の内部に存在する乾燥気候。

サボテンなど

[熱帯高地気候型]

熱帯、亜熱帯の高地。通年15～20℃。通年雨量の多い地域と、雨期と乾期が存在する地域がある。

ナスタチウムなど

植物の仕組み

植物の仕組みを知っておくと、なぜこの手入れが必要なのか、なぜこの時期なのか、といったことが理解しやすくなります。

まず、花は、植物にとって重要な生殖器です。そのため、花を咲かせて結実するときに、最大のエネルギーが必要になります。花後にタネができるとそれにエネルギーが使われ、次の花が咲きにくくなります。ですから、次の開花を促すためにタネを作らせないよう、花がら摘みを行うのです。

開花期は、人間でいえば妊婦のような状態。そんなときに植え替えを行えば、負担が大きくなるのは当然です。植え替えは、エネルギー消費の少ない休眠期が適期です。開花時に植え替えるなら、花を全部切り落としてからにしましょう。

地中に張り巡らされた根には、地中の水分や養分を吸う働きがあります。また、地上部をしっかり支えて倒れないようにもしています。

茎は、根から吸い上げた水分や養分を花や葉に送る働きがあり、その通り道が「道管」です。その外側には、葉で作られた養分を花や果実に送る「師管」があります。水や養分を植物全体に送るとともに、株全体を支える役目も担っています。

葉には、二酸化炭素を取り込んで、養分や酸素を作り出す「光合成」の他、「蒸散」という働きもあります。葉裏にある気孔というすき間から水分を放出しています。これが蒸散です。葉の組織が活発に活動することで、根からの水の吸収も活性化し、全体に行き渡らせる働きもあります。

それぞれの働きは連動しているため、根がしっかり張れていなければ、葉は増やせません。地上部が元気がないときは、根に原因があるかもしれないと想像して手入れをすることも大事です。

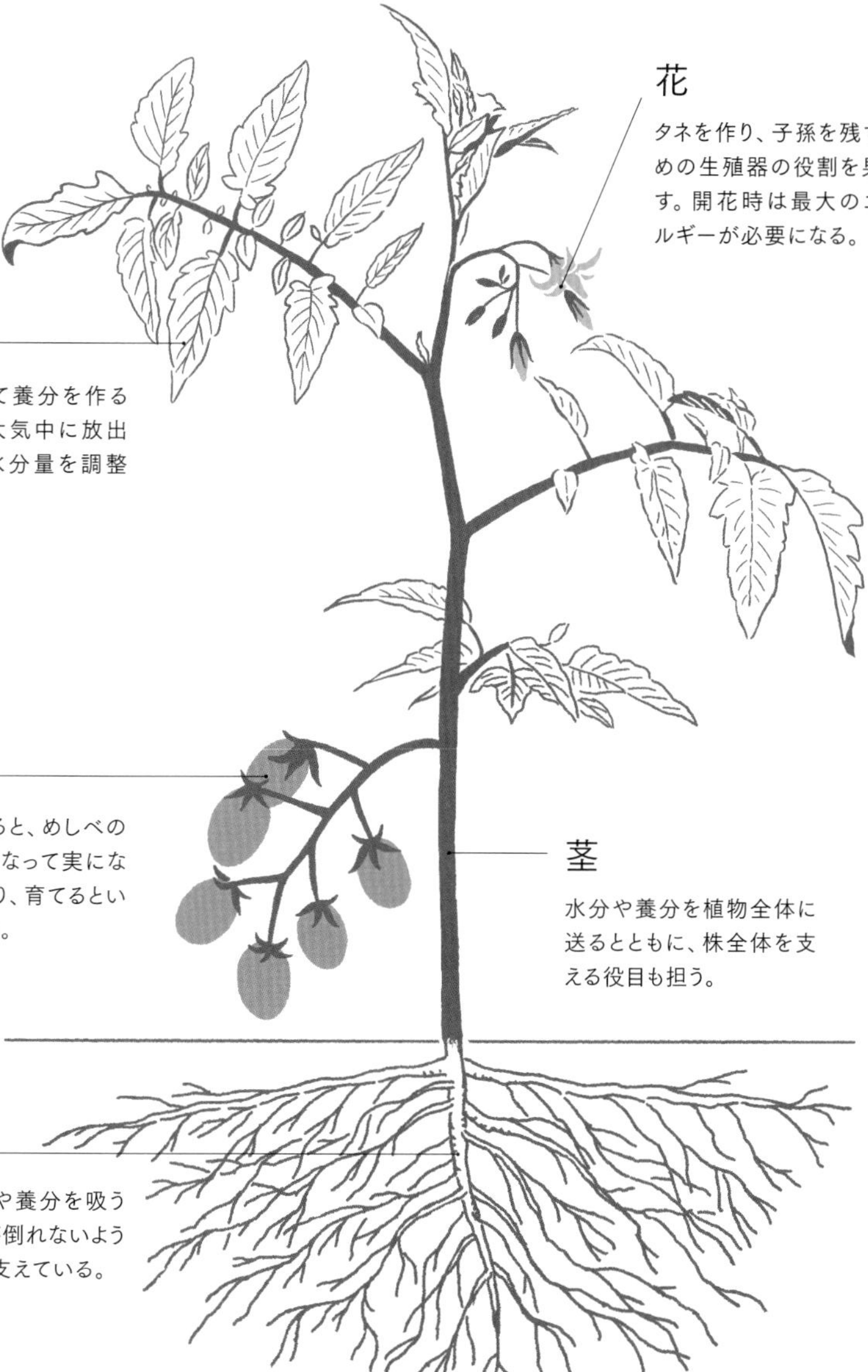

花

タネを作り、子孫を残すための生殖器の役割を果たす。開花時は最大のエネルギーが必要になる。

葉

光合成をして養分を作る他、水分を大気中に放出し、体内の水分量を調整している。

実

花が受粉すると、めしべの子房が大きくなって実になる。タネを守り、育てるという役割がある。

茎

水分や養分を植物全体に送るとともに、株全体を支える役目も担う。

根

地中の水分や養分を吸う他、地上部が倒れないようにしっかりと支えている。

葉がしおれるときは……

葉がしおれたり
落ちたりするときは、
土の様子をチェックしてみよう。

・土が乾いている場合

水不足の可能性があるので、いつも以上に水をたっぷり与える。

・土が湿っている場合

根腐れの可能性があるので、しばらく水をやらずに様子をみる。

樹木の根の張り方

樹木の生長と大まかな特性について知っておくと、庭づくりがより楽しくなります。樹木は地上部ばかりに目がいきがちですが、地上部と地下部は一体で、それぞれの生長は連動しています。

樹木の根には、地上部が倒れないように支える「主根・支持根」があり、先端に行くにしたがって水分や養分を吸収する「吸収根」となります。地上部を支えるのは、おもに地中深くに伸びる太い根です。水分や養分の吸収は、太い根から分かれた細い根（ひげ根）によって行われています。

根の生長に合わせて、地上部は生長します。広葉樹は、根張り（＝根の水平方向への広がり具合）の大きさと、樹冠（＝枝や葉の茂っている部分）の大きさは、だいたい一緒だとイメージすると作業の効果が上がります。

もし日照りが続いて水やりをするなら、幹の近くより、外側に伸びた枝の下のあたりに与えるほうが効果的です。なぜなら、水分や養分は、吸収根の部分でいちばんよく吸収するからです。肥料を与えるときも同様に、枝の先端を見て、その真下のあたりをドーナツ状に掘って施します。根の張り具合を知るには、地上を見上げ、枝の張り具合を参考にします。

スギやヒノキなどの針葉樹の根は浅く、地表部に近いところで張る性質があります。また針葉樹は、根が浅いため、保水能力はそれほどありません。大雨が降ってスギ林で土砂崩れが起こる光景を目にすることがありますが、これには根張りが関係しています。

一方、広葉樹の根は、枝の張り具合と同様に、地中で枝状にまんべんなく張っていくので、自然界では一般的に保水性が高いとされています。

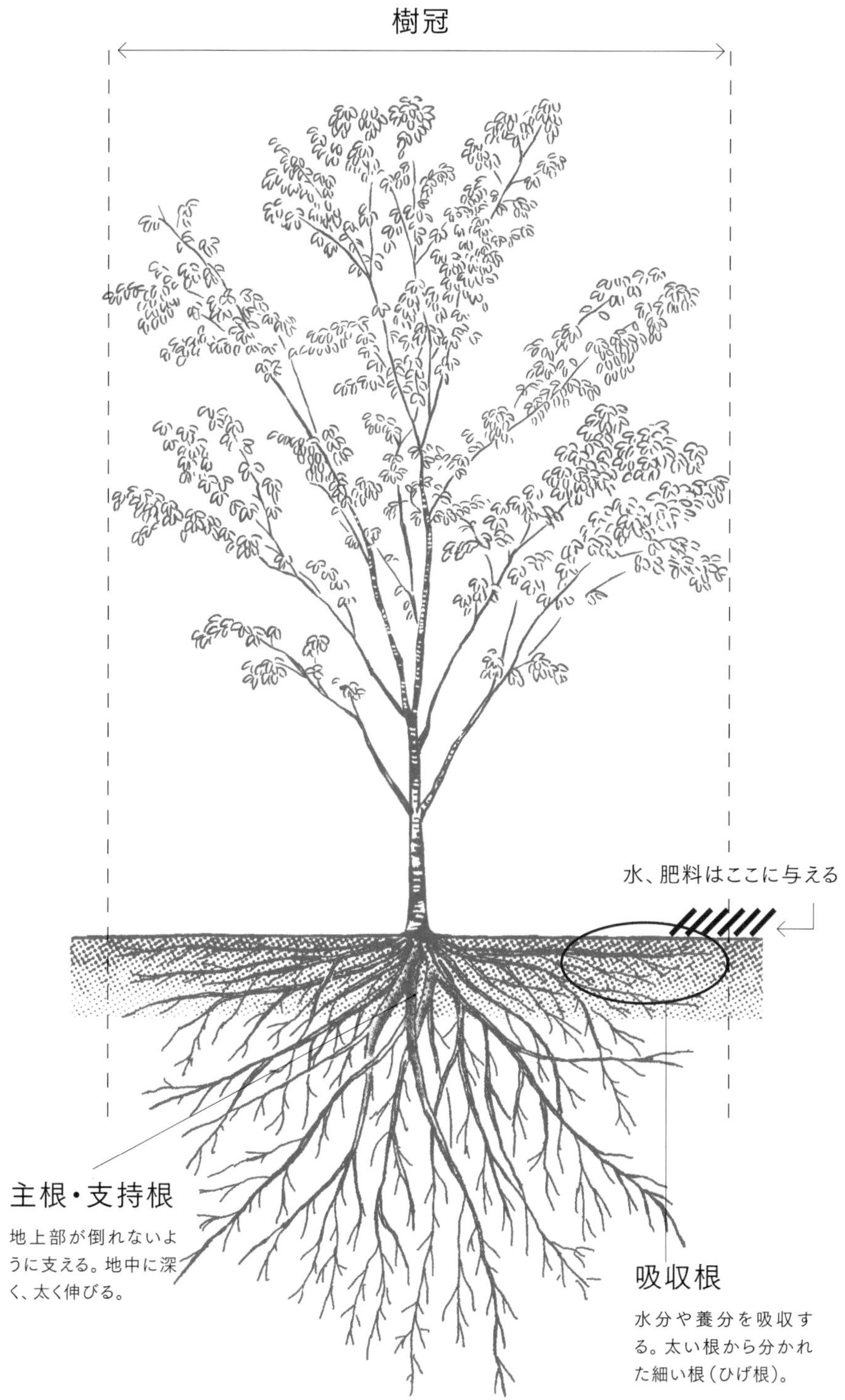
樹冠
水、肥料はここに与える
主根・支持根
地上部が倒れないように支える。地中に深く、太く伸びる。
吸収根
水分や養分を吸収する。太い根から分かれた細い根（ひげ根）。

生態系を知る

ガーデニングを始めると、生きものと自然環境との関係に気づかされます。植物は太陽のエネルギーを受け、動物が出す二酸化炭素を使って光合成し、栄養となる有機物を作り出し、酸素を空気中に放出します。さらに、動物が出す糞を微生物が分解することで、植物が育つ養分になるのです。

自然界では、生産者（植物）、消費者（動物）、分解者（微生物）と呼ばれる生きものと、空気や日光、土などの要素で構成されており、それを生態系といいます。

生態系のなかは、「食べる者」と「食べられる者」とのつながりで成り立っています。それを食物連鎖といい、始まりは生産者である植物です。植物を食べる虫や草食動物を他の動物が食べ、さらに他の動物に食べられるという関係が続きます。連鎖の最後にいる動物は誰にも食べられませんが、命が果てると死骸となって土の上に残ります。それもやがてダンゴムシやミミズなどによって分解されて土に還り、土中の微生物によってさらに分解されることで植物の栄養となります。

生態系を知れば、人間は何も生み出せないことに気づきます。植物を食べ、動物を食べ、糞を出して分解してもらっています。土中の虫がいなければ、分解は進みません。自然界には、見えないけれどさまざまな生きものが生息し、互いに支え合ってバランスをとりながら生きているのです。

私が殺菌剤や除草剤などを避けるのも、生態系を壊したくないからです。たとえば、アブラムシ退治の殺虫剤を使った場合、アブラムシ以外の生きものに影響がないとはいいきれません。生態系にできるだけ影響を与えないためにも、オーガニックな庭づくりを実践しているのです。

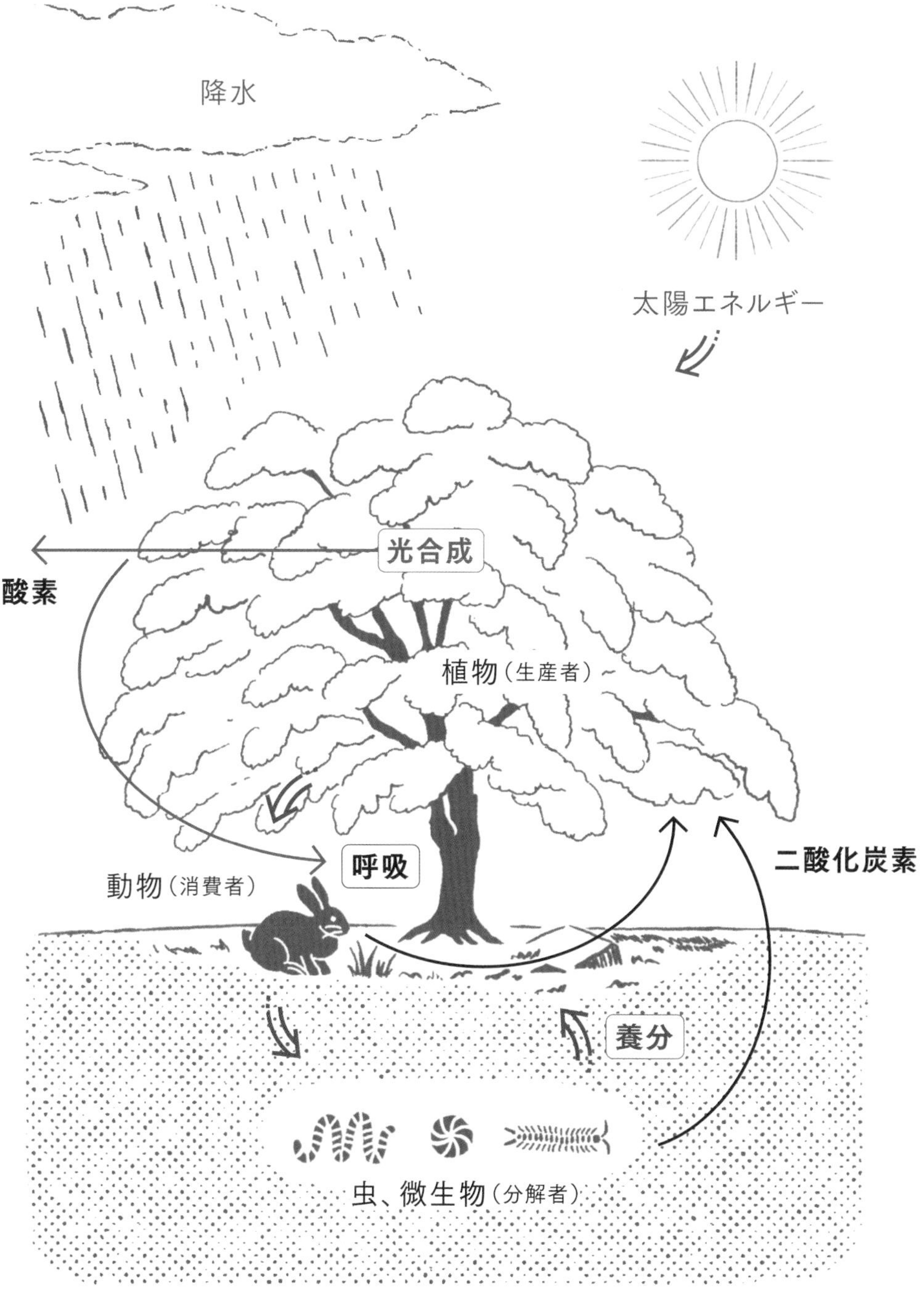
降水
太陽エネルギー
光合成
酸素
植物（生産者）
呼吸
動物（消費者）
二酸化炭素
養分
虫、微生物（分解者）

環境に合った植物を選ぶ

植物の原産地を知り、それぞれの生育に適した環境に植える「適地適木」（詳しくは24ページを参照）が、オーガニックな庭づくりではとても重要です。たとえば、ハーブ。ローズマリーやセージの原産地は、夏に雨の少ない地中海沿岸なのに対し、タイ料理でおなじみのレモングラスは、熱帯アジアのインド南部が原産です。原産地に似た環境なら植物は無理なく育つので、ハーブとひとくくりにせず、環境に合ったものを選びましょう。樹木についても同じ。常緑樹は比較的温暖な地域に分布するのに対し、多くの針葉樹は比較的冷涼な地域を好みます。こうした大まかな特性を知っておくだけでも、植物を選ぶ際の参考になります。

また、もともとその土地に存在し、そこの環境に長く適応してきた在来種を植えることは、理にかなっています。では、外来種はダメなのでしょうか。在来種と外来種。私自身、この扱いに悩んだこともありますが、オランダの育種会社の方から伺った話をきっかけに迷いがなくなりました。

オランダは国土の大半が標高二〇〇メートル以下で、四分の一が海面より低い干拓地です。そのため、在来種は多くありません。代わりに、古くから交易で栄えたために、世界中から集められた植物を自国の環境に合うように品種改良してきたといいます。「在来種か、外来種かはあまり気にしません。気候に合わせて、環境に合う植物を選べばいいと思います」と、語ってくれました。

近年、雨の降り方も夏の気温も、以前とは大きく変化しています。激しい雨にも倒れにくい品種、三〇度以上の真夏日にも耐える品種など、気候変動に対応した品種などもあり、現状の環境に合ったものを選ぶことも選択肢のひとつにしています。

湿り気を好む

[クリンソウ]

北海道〜本州、四国の山間部に分布する多年草。湿り気のある環境を好み、山野のせせらぎや渓谷の湿地に自生する。同じサクラソウの仲間であるプリムラなども、同様の環境を好む。

[ヤマアジサイ]

おもに太平洋側の福島県から四国・九州に分布する落葉広葉樹。半日陰の湿り気のある場所でよく育つ。一般的な西洋アジサイも、比較的同じ環境を好む。

乾燥を好む

[オリーブ]

オリーブは、地中海沿岸の温暖で比較的乾燥した地域が原産。屋上庭園は、直射日光が当たり、風が強くて乾燥ぎみになるため、オリーブには適した環境ともいえる。

暑さに強い

[ペンタス]

熱帯アフリカ原産の多年草。暑さに強く、夏の直射日光にも耐えられるため、高温になりがちなベランダなどでもよく育つ。寒さに弱いため、日本では一年草扱いだったが、近年は多年草化している例も見かける。

半日陰を好む

[テッポウユリ]

もともと屋久島や沖縄などの南西諸島に分布していたユリ。半日陰でなおかつ高温多湿という環境においても清楚な花を咲かせてくれる。

日陰を好む

[ヤブラン]

日本各地の林床などでよく見られる、青紫色の花が特徴的な常緑性の多年草。耐陰性があることから、常緑樹の木陰や日当たりの悪い庭でも活躍する。

家の周りの環境を知る

環境に合った植物を選ぶためには、まず自分の家の周りの環境を知ることが大切です。そのためには、家の近所を散歩して、周りのお宅の庭や、管理の行き届いた公園に植えられている植物を観察すると参考になります。また、海が近いのか山が近いのか、台地なのか谷なのかというように、地形によっても植生は大きく変化するので、住んでいる場所の地形や自生する植物を知ることも手がかりになります。手がかりに困ったときは、近所の神社や寺の裏山などの古くからある緑地が助けになります。そこの裏山の自然を見れば、もともとの植生がだいたいわかり、ヒントになるからです。

よく聞く失敗談のひとつに、避暑地として人気の長野県軽井沢町で買った植物を、東京に戻って植えたら、うまく育たず枯れてしまったというもの。軽井沢の標高は一〇〇〇メートル前後で、真冬の平均最低気温は約マイナス八度。一方、東京は約一度で、その差は九度も（気象庁、一九九一〜二〇二〇年・月別平均）。加えて、軽井沢は霧が発生しやすく、高湿度な場所。環境に合った植物を植える大切さを実感するエピソードです。

適地適木を考える際により大事になるのが、年間の最低気温です。なぜなら、植物はどちらかというと暑さには慣れやすいものの、寒さにはなかなか順応できない性質があるからです。そこで役立つのが、「日本ハーディネスゾーンマップ」。日本各地の年間の最低気温の平均値をもとに、植物の生育の適正温度帯を定めた地図になります。自分の住む地域のゾーンがわかったら、どんな植物が適しているのか、インターネットや図鑑などで気になる植物の耐寒温度や原産地などを調べて探していきましょう。

日本ハーディネスゾーンマップ

資料提供　株式会社ハクサン：PROVEN WINNERS®

ハーディネスゾーンの区分

ゾーン	年最低気温（平均）	おもな都市
4b	-31.7 ～ -28.9℃	名寄、富良野
5a	-28.9 ～ -26.1℃	中標津、美瑛
5b	-26.1 ～ -23.3℃	旭川、北見、滝川
6a	-23.3 ～ -20.6℃	岩見沢、帯広、釧路、羽幌
6b	-20.6 ～ -17.8℃	紋別、網走、留萌、苫小牧、大館、軽井沢
7a	-17.8 ～ -15℃	根室、十和田
7b	-15 ～ -12.2℃	札幌、函館、小樽、稚内、盛岡、会津若松、郡山、松本、飯田、高山
8a	-12.2 ～ -9.4℃	室蘭、青森、弘前、秋田、酒田、山形、さいたま、長野
8b	-9.4 ～ -6.7℃	仙台、福島、水戸、日光、宇都宮、甲府、長岡、松江、山口、熊本
9a	-6.7 ～ -3.9℃	前橋、東京、新潟、静岡、名古屋、富山、京都、神戸、岡山、広島、鳥取、徳島、高知、福岡、佐賀、長崎、宮崎、鹿児島
9b	-3.9 ～ -1.1℃	千葉、銚子、浜松、大阪、下関、高松、松山、大分、指宿、伊豆大島
10a	-1.1 ～ +1.7℃	式根島、三宅島、八丈島、屋久島
10b	+1.7 ～ +4.4℃	奄美大島
11a	+4.4 ～ +7.2℃	徳之島、那覇、名護、宮古島、久米島
11b	+7.2 ～ +10.0℃	与那国島、石垣島、西表島

庭の中でも場所ごとに環境は違う

ひとつの庭の中でも、エリアごとに環境は異なります。方角はもちろん、近くに家屋や塀などがあるかどうかでも、日当たりや風通しが違ってきます。また、同じ場所でも日の当たり方は、季節や時間帯によって変化します。わが家の庭の日当たりはどんなふうに変化しているのか、観察して特徴をよく知ることが、庭づくりの第一歩です。

たとえば、半日しか日が当たらないといっても、午前中ずっと日が差しているなら、一日中当たっている状況とほぼ同じ。いい環境です。ところが、西日が強く当たる場所は、葉焼けを引き起こすなど、植物にとって過酷な環境となります。

大きな木がある場合、木の下は日差しも雨も当たりにくいため、乾燥した日陰になります。日陰といっても、暗くて湿った日陰だけではないのです。さらにその木が落葉樹なら、冬は落葉して木の下にも光が降り注ぎ、日なたになります。

また、塀があれば、太陽の位置によって足元が日陰になる時間帯も。都会のような住宅密集地なら、隣家が壁になって日差しを遮り、南向きの立地であってもほとんど日陰ということもあります。

軒のある日当たりのよい壁は、雨が当たりにくいので、病気に弱いバラや雨の重みで倒れやすいグラス類など、乾燥ぎみな環境を好む植物に適した場所です。ただし、水切れには注意しましょう。

日当たりに加え、風通しのよさも大事です。空気が適度に流れている状況が理想ですが、隣家との境のような狭い空間は、ビル風のような強風が吹き抜けやすい場所です。エアコンの室外機やキッチンのダクト口など、強風が吹き出す場所も要注意。よく観察すると、ひとつの敷地の中でも環境の違いに気づくでしょう。

日が差して風も吹き抜けにくい、弱い植物でも大丈夫なエリア。
大木の下は日も雨も当たらないので、乾いた日陰になる。
塀と建物の間は風の通り道となりやすい。
軒下は、雨が当たらず乾燥しやすい。
一日を通して日が差すエリア。
二方向が塀の角地は、日陰になる時間が長い。
塀際は日陰になる時間帯がある。

原種に近い植物を選ぶ

園芸の世界では観賞価値を高めるために、もともとあった植物（原種）を始まりとし、品種改良が長年行われています。花つきをよくする、より大輪で華やかな花を咲かせる、今までにない花の色や形にする、斑入りで明るい色の葉にするなど、さまざまなアプローチで品種改良は続いており、進化に終わりはありません。なかには耐病性を高める方向性もありますが、花や葉色の美しさに特化した品種改良を重ねると、一般的には病害虫に弱くなるという傾向があります。

反対に、原種に近い品種ほど環境さえ合えば手間がかからず、丈夫に育つというのが基本的な考え方です。たとえば、庭で人気のバラにも日本に育つ原種があります。神奈川県箱根町や富士山付近に自生するサンショウバラ、北海道など寒冷地の海岸に自生するハマナスなど、環境に適応したバラが各地で丈夫に育っています。

これらを踏まえた上でバラ選びの参考になるのが、「ＡＤＲ認証品種」です。ドイツで作られたバラの品種認証システムで、世界でもっとも厳しい審査とされています。三年間薬剤散布せずに露地で試験栽培し、花の美しさ・連続開花性・耐寒性・耐病性などが一定の基準に達したものだけに与えられる認証マークです。日本でも販売されていて、これを基準に品種選びをする人も増えています。

自然の山や森に目を移せば、農薬や肥料がなくても植物は丈夫に育っています。自然のなかではすべてが循環し、生命を育んでいます。そんな植物の多くが、原種に近い植物です。ともすると原種に近い植物は華やかさに欠けると思われがちですが、原種に近い品種のみで構成されているガーデンもあり、新たな魅力に気づかせてくれます。

バラの原種

[サンショウバラ]

箱根や富士山付近に自生する。枝先に一輪ずつ、一重の薄ピンク色の花を咲かせる。葉の形や枝にあるトゲがサンショウに類似している。

[ハマナス]

耐寒性が高く、北海道の海岸などに自生する。花は直径5～8㎝ほどで濃いピンク色。強い香りがあり、香水などの原料にも使われる。

バラの色で見る耐病性

原種のバラはピンク色のものが多いためか、ピンクのバラは比較的耐病性が高い傾向がある。写真は、ハンスゲーネバインという品種。

赤いバラは病気に弱いとされてきたが、近年では耐病性の高いものも。写真はチェリーボニカという品種で耐病性が高く改良されている。

ラベルをチェックして植物を選ぶ

庭の環境に合った植物を選ぶ際の手がかりになるのが、植物の苗や鉢植えに刺さっているラベルです。大半のラベルの表面には、植物の開花写真と名前があります。裏面には「植物の分類」「原産地」「生育環境」「生育期間」「育て方のポイント」などが書かれています。裏面の情報は、いわば植物ごとの取扱説明書なので、必ずチェックしましょう。育苗メーカーや生産者によって、記載されている情報にはバラツキがありますが、もう少し詳しく知りたいときは、「植物名　育て方」などでネット検索してみるのもひとつの方法です。

「植物の分類」とは、82ページで説明したように、草（一年草、多年草）か、木（常緑樹、落葉樹）かがわかることです。「原産地」を知れば、適した気候を想像したり、調べたりできます。「生育環境」は日当たりの他、好むのは乾燥か、湿潤なのか、など適した環境を判断できます。「生育期間」は開花期、実のなる時期、植え替えの時期などです。「育て方のポイント」は、水やりの仕方、肥料のタイミングなど、各植物の生育に必要な情報です。ときには草丈や株幅が記載されていることも。環境に合った植物同士を魅力的に配置し、デザインを考える上での大事な情報になります。

多くの情報のなかで、まず注目してほしいのが植物の分類で「一年草か、多年草か」ということです。一年草なら枯れたら片づけますが、多年草なら冬に地上部が枯れても春に芽吹くので植えっぱなしで大丈夫。これを理解していれば、植物が枯れたときに、何を残して何を捨てればよいのかがわかるため、植栽の計画が立てやすくなります。植物との付き合い方をイメージさせるのも、ラベルの役割です。

苗についているラベルの裏側には、植物の情報がたくさん。一年草か多年草か、生育条件は自分の庭の環境に適しているかなど、事前に確認を。

ラベルの
CHECK
POINT

分類

草本／木本、一年草／多年草

原産地

原産地の環境≒最適な生育環境

サイズ

草丈、株幅

生育環境

日なた／日陰、乾燥／湿潤、生育温度

生育期間

開花時期、植え替え時期

手入れ

水やり、肥料

多様な品種を植えておく

オーガニックな庭づくりを成功させるには、多様な品種を入れておくというのもポイントです。たとえば、畑を想像してみてください。キャベツだけを植えているとします。一個のキャベツに虫がつけば、全滅するリスクが非常に高くなります。ところが、ネギなどの違う野菜も一緒に植えつけておけば、キャベツを好む虫はキャベツしか食べないので、ネギは生き残ります。

これと同じことが、庭にもいえます。多様な品種をミックスして植えることで、いくつかの植物はダメになったとしても、庭全体が被害を受けるという危機は回避でき、全体の見映えとしてはそれほど気にならないはずです。

では、どんな植物を組み合わせていけばいいのでしょうか。組み合わせに悩んだら、84ページの植物の分布を思い出してください。たとえば、ラベンダーを植えるときに、レモングラスを組み合わせても、なんだかしっくりきません。その理由は、原産地にあります。ラベンダーの原産地は地中海沿岸なのに対し、レモングラスは熱帯アジアのインド南部生まれ。水を好むレモングラスに合わせて水やりをしていると、ラベンダーは過湿になってしまいます。原産地が違うと好む環境が違うために育てにくく、見た目にもどこか違和感を覚えます。けれど、ローズマリーやセージなど、同じ地中海沿岸原産のものを一緒に植えると、好む環境が同じで育てやすいのはもちろん、植物の色や形の雰囲気がよく合って、美しく調和し、落ち着いて見える傾向にあります。

このように、環境に合わせながら多様な品種を植えていけば、デザイン性の高い、より魅力的な庭をつくり出す近道になるでしょう。

アガスターシェ`ブラックアダー′、ジャーマンカモミール、フェスツカ・グラウカなど、日当たりがよく乾燥しているエリアに適した組み合わせ。

日なたに植えると発色がよくなるアベリア`ホープレイズ′（右）を中心として、ヒューケラ、チョコレートコスモスなどで賑やかさをプラスする組み合わせ。

アスチルベ`チョコレートショーグン′、シュウメイギク、アルケミラ・モリス、フィリペンデュラなど、湿潤な箱根の半日陰エリアに適した組み合わせ。

白花のリアトリス、アジサイ`アナベル′、ユーフォルビア・ウルフェニーなど、乾燥した日陰のエリアに適した組み合わせ。暗くなりがちなので、白い花や白斑の品種を選んでいる。

数年後を想像して配置する

庭の環境を踏まえて、育てる植物が決まったら、次は配置です。「どのスペースに」「何を」「どれくらいの数」植えるのか、計画を立てます。

どんなスケールの庭であれ、私たちプロは植物を植える前に庭の設計図を描きます。そのときに描くのは、庭の最終形です。たとえば、植える植物の苗のポットが直径一〇センチだとしても、株が生長すれば直径四〇センチの大きさになるなら、設計図には四〇センチ分の円を描きます。常に頭のなかでイメージしているのは、植物が生長した数年後の庭です。そうやって、植物の株間や数量を計算しています。

必要な苗を準備したら、いよいよ植えつけです。図面にしたがって植物を配置し、植えつけます。慣れない場合は棒などで丸を描いてもいいでしょう。図面とは異なり、植え終わった直後の庭は植物同士の間にすき間があり、そのスカスカ具合に驚かれる方も少なくありません。庭は植えつけたら完成ではなく、そこからが始まりなのです。

一〜二年経過すると、それぞれの株は生長し、だんだん充実してきます。とはいえ、設計図に描いた予想通りの庭になるとは限りません。むしろ、そうならないことのほうが多いかもしれません。ですが、それがまた庭づくりのおもしろいところ。勢いの強い植物に淘汰され、姿を消す植物もあれば、こぼれダネでどんどん殖えて思いがけないところで花を咲かせる植物もあります。鳥や風によって、違う植物のタネが運ばれてきて芽吹くかもしれません。自然はバランスを保ちながら、常に変化しています。その営みに正解はないので、植物の生長と変化に合わせて、その都度、臨機応変に庭をデザインしていきましょう。

設計図を描く

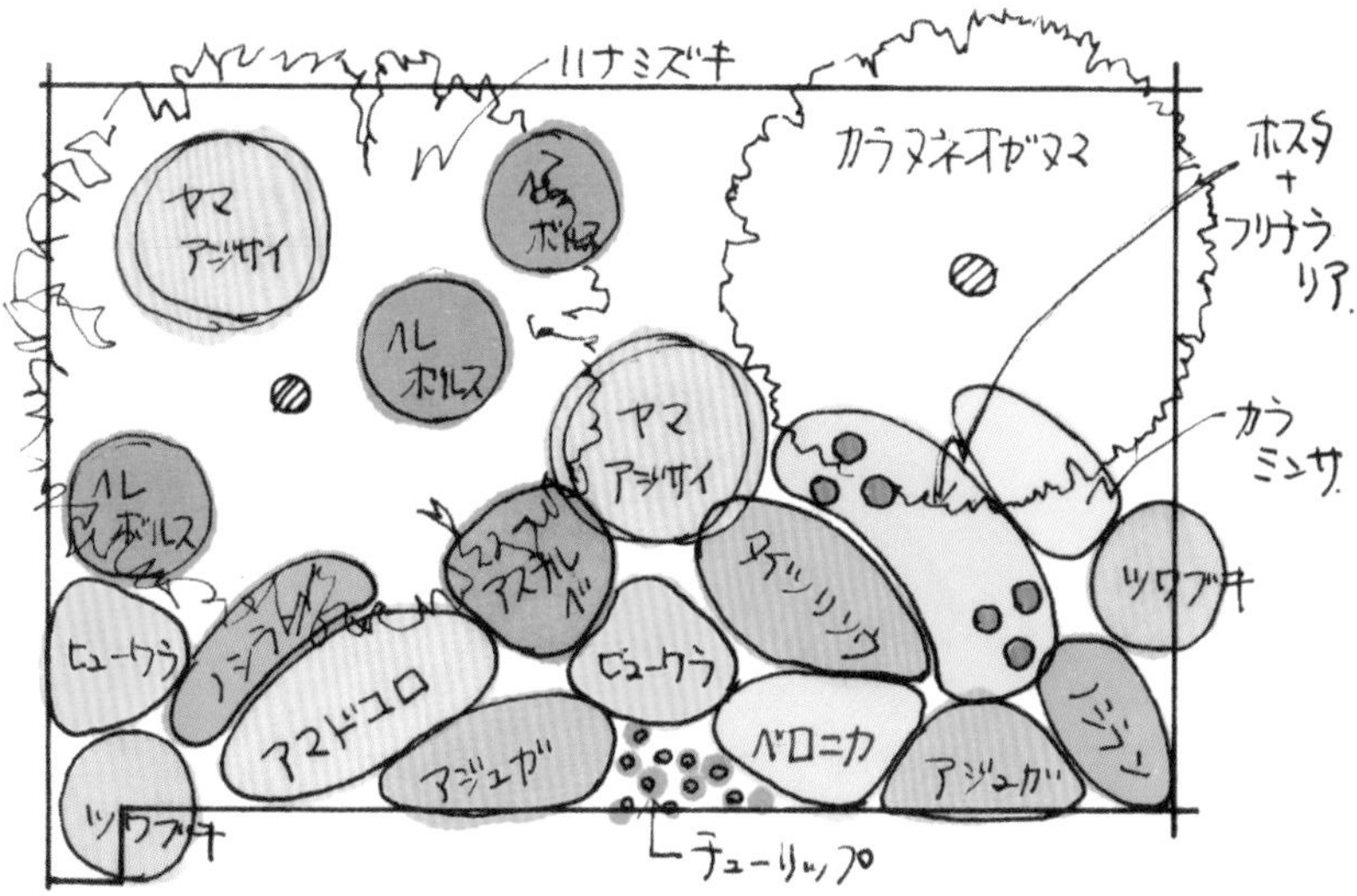

それほど広くないスペースであれば、10～50分の1のスケールで、真上から見た配置図を描くとわかりやすい。丸の大きさは、植物が育った後の大きさを想定するのがポイント。

↓

植えつけ後の様子

まずは設計図にしたがってすべての苗を配置する。さらにいろいろな角度からチェックしたり、実際の苗の状態などによって、間隔の微調整を行った後に植えつけをする。

ガーデニングの計画はライフスタイルに合わせて

個人邸の庭のデザインを依頼されたとき、まず先に私がクライアントに尋ねるのは、「庭の手入れにどのくらい時間がかけられますか」ということです。週に一時間なのか、月に一時間なのか、それぞれの住まい手の状況に合わせて、植物の組み合わせを提案していきます。

たとえば、毎朝数時間は庭の手入れに精を出す、その時間が大好きという専業主婦の方がいます。その一方、平日は仕事が忙しく、週末も水やりをする程度でそれほど庭に時間が割けないという方もいます。この二人に同じ植栽を提案してもうまくいかないだろうことは容易に想像できるでしょう。それぞれの人が自分のライフスタイルのなかで無理のない範囲で育てられる植物を選ぶことが、ガーデニングを長く楽しむコツだといえます。

ガーデニングがうまくいかないとおっしゃる方の話を聞くと、最初から完璧な形を求めすぎているように感じます。まずはできる範囲からやってみて、うまくいったら少しずつ植物を増やしていきませんか。庭づくりに正解はありませんし、天候も植物の生育も思い通りにはいかないもの。ときどきに起こる変化を受け入れ、自分の暮らしに合わせて変えていけばいいのです。

最近は、家で庭を眺めるのは夜のみだというお客様もいらっしゃいます。そんなときは、部屋から眺められる坪庭や、お風呂から見えるエリアに、ライトアップしたときにフォルムが美しく見える植栽を提案することもあります。小さいお子さんやペットの犬と庭で遊びたいという方の場合には、バラのようなトゲのあるものは避け、ペットがあやまって食べてしまっても毒にならないもので構成します。

　また、年代や家族構成の変化に伴う、庭のリニューアルもよくある相談です。お子さんが小さいうちは自由に遊べるよう芝生にしてはどうですか、とか、お子さんと一緒に収穫が楽しめる実のなる木を植えたり、小さな畑をつくったりしてはどうですか、と提案します。お子さんが友だちと過ごす時間を優先する中学生くらいの年代になると、お母さん主体の庭になり、お母さんの好きな花を植えていくというケースもあります。さらにお子さんが成長し、大学を卒業したり、社会人として家を出るようになると大きなリニューアルを検討される方も少なくありません。一方では、そうやって庭を楽しんできたものの、年をとって体力的にきつくなってきたので、バラの数を減らして庭を小さくしたいという希望もあります。

　ここでご紹介したのはほんの一例です。それぞれのライフスタイルに合わせ、無理のない庭づくりを計画し、変化していく庭を楽しんではいかがでしょうか。

よい土とはどんな土か

庭は多様な植物で構成されるもの。ですから、同様にさまざまな樹木や草花が生えている森林の土をお手本にするのが、理にかなっています。

「いい土＝団粒構造の土」とよくいわれますが、団粒構造とはなんでしょうか。その反対語は単粒構造で、砂や粘土などのことです。単一の細かい粒子だけの集まりなので、水はけはいいけれど水もちは悪いなど、性質に偏りがあります。こうした細かい粒子が集まって大きい粒子になっているのが、団粒構造の土です。粒子同士をくっつける糊のような役目を果たしているのは、「腐植」と呼ばれるものです。腐植は、落ち葉や動物の糞などの有機物が分解されてできています。そのため、団粒構造の土は適度に粒子が固まり、適度にスカスカの状態です。おかげで、通気性がよい、水はけがよい、保水性がある、肥料もちがよい、植物にとってよい微生物や菌が生息しやすいといった環境になるのです。また、根の周りにもよい微生物や菌が集まり、悪玉菌から根を守ってくれます。

最近では、土の三性という考え方が浸透し始めています。排水性、通気性、保水性などを指す「物理性」と、土のpHや窒素・リン酸・カリといった養分に関する「化学性」に従来は目が向きがちでした。ところが近年では、土の中にいる有機物の量と活動の活発さを表す「生物性」にも注目が集まっています。腸内細菌の活動が人の健康に関係しているように、土の中の微生物の活動が土の状態の良し悪しに関わっていることが、最近の研究でわかってきたのです。こういった目に見えない微生物や菌とも共存し、彼らの力を取り入れることも、オーガニックな庭づくりでは重要なことなのです。

団粒構造の土

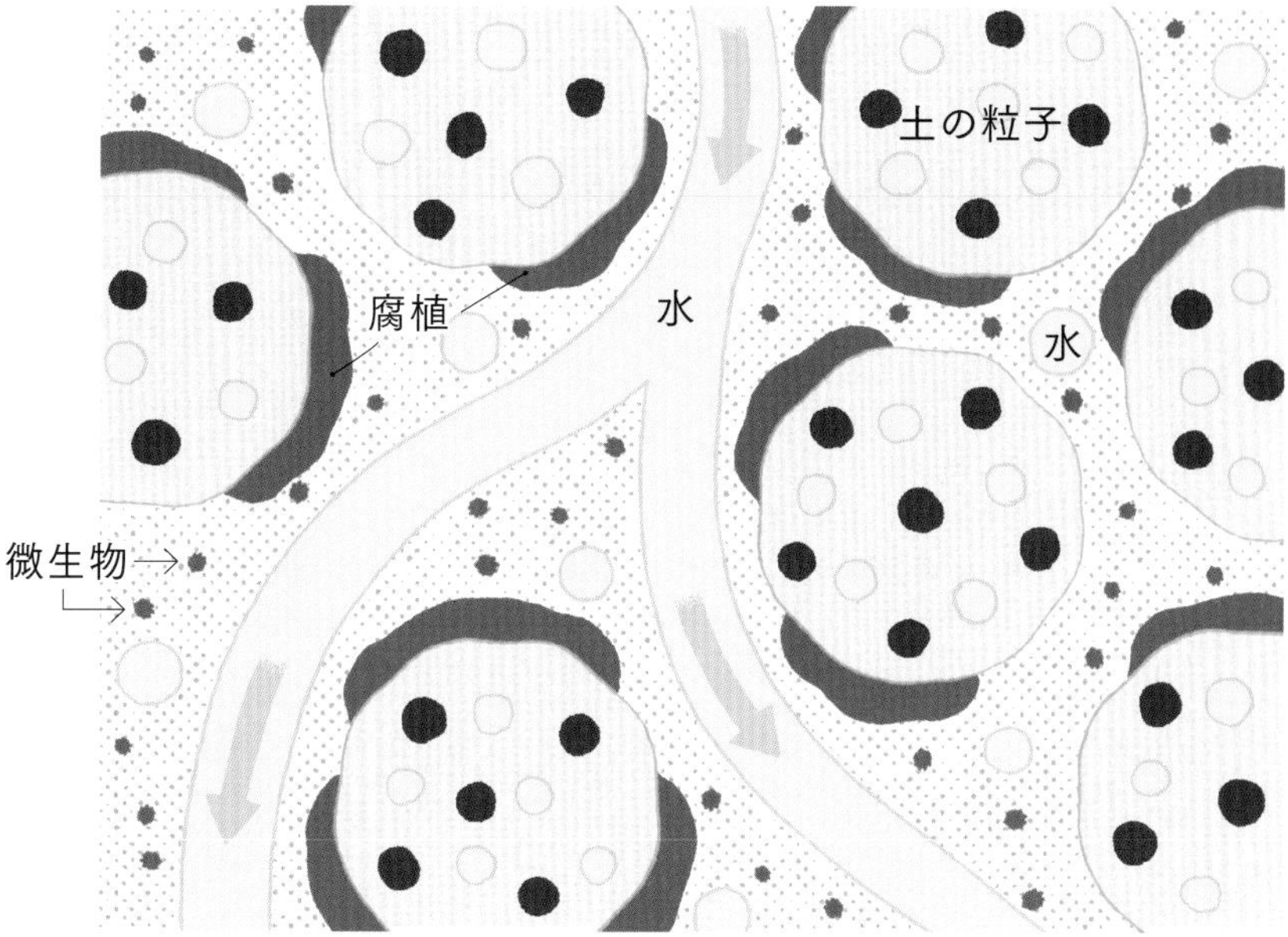

土の状態の簡単な見分け方

水はけの良し悪しを見分けるには、手で土を握ってみると、違いがよくわかる。

水はけのよい土

手で握ると形ができるが、指で触るとほろほろと崩れる。

水はけの悪い土

手で握ると形ができ、指で触っても崩れない。水はけが悪く、通気性が悪い土。

土壌改良の資材と方法

新たに植物を植えつけるときや、すでに植えてある植物の調子が悪い場合は、土壌改良をして、植物が根をしっかり張れる環境を作りましょう。私が土壌改良に使っているのは、おもに堆肥と炭です。ここで間違えやすいのが、堆肥と肥料。どちらも「肥」という字がつくので混同しがちですが、土壌改良に使うのが堆肥で、肥料は地力以上のエネルギーを植物に与え、開花などを促進させるためのものです。

では、堆肥とは何か。木の枝や皮、落ち葉、牛糞、馬糞などを堆積し、完全発酵させたものです。土と混ぜることで、土壌にすき間を作ってふかふかにしたり、保水能力を高めたり、土の中にいるミミズや微生物、菌類の活動を活発にしたりと、さまざまな利点があります。植物の生育に必要なミネラルやアミノ酸なども含んでいるので、植物の生長を助ける働きも間接的にあります。

腐葉土も堆肥の仲間です。腐葉土は落ち葉が分解・発酵したものですが、いわば堆肥になる一歩手前の状態。堆肥のように発酵しきってはいないので、効果が出るのに時間がかかったり、付着していた雑草のタネが発芽したりすることがあります。悪いことではないので、わかった上で活用してほしいと思います。市販の堆肥を購入する場合は、「完熟」と書かれたものを選ぶようにします。

木やもみ殻などを炭にしたものも改良材として活用しています。多孔質構造が、衰えた土の通気性、保水性、透水性などを高め、微生物の住みやすい環境を整えます。多孔質構造をもつ土壌改良材としては、鉱物などを高温処理で粉末にしたものも。保肥力をよくするモンモリロナイトやゼオライトなどもときに使っています。

牛糞堆肥

ふかふかで通気性がよく、保水性、排水性に優れた土壌に改善する。酸素の流通を促し、根の伸長を活性化する。完熟のものを選ぶとよい。

腐葉土

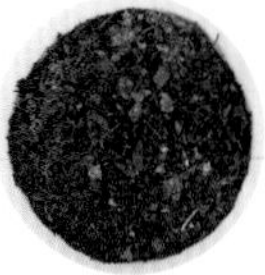

樹木の葉や枝を土中の微生物が分解したもの。葉の形がわかる状態は分解途中で、堆肥になる手前。土壌改良材やマルチングとして使う。

木炭

多孔質構造で表面積が大きいので、土壌の通気性、保水性、保肥性などを高める。土壌の有用微生物の繁殖を促進する効果も期待できる。

もみ殻くん炭

もみ殻を低温で燻して炭化させたもの。木炭と同様に、土壌の通気性、排水性、保水性などをよくする。微生物が増えて、植物の生長を促す。

モンモリロナイト

珪酸塩白土とも呼ばれ、特殊な多孔質構造をもつ。とくに関東ローム層の土壌にまくことで、土壌の鉄分とリン酸の結合を防ぎ、植物の生長を促す効果も。ゼオライトも同様の効果がある。

培養土

適度な土壌改良材と栄養分が入っている土。種類が多く、どれを買えばよいか迷うが、おもな成分は赤玉土と堆肥なので、赤玉土と同じ程度の重さの培養土を選ぶとよい。

樹木が植えてある場合の土壌改良

土壌が硬くなり、生育が悪くなった樹木周辺の土壌を改良し、生育を促進する。各樹木の適期に合わせて行う。

❶ 軽く剪定する

これから根を傷めることになるので、蒸散量を減らす目的で剪定する。

❷ ドーナツ状に溝を掘る

枝葉の先端の下に当たる部分の土壌をドーナツ状にスコップで掘る。できるだけ深く掘る。

❸ 土壌改良材を投入する

②で掘った溝に、堆肥2：炭1の割合で混ぜた土壌改良材を入れていく。スコップでもとの土と混ぜて全体をなじませる。

❹ 土を戻す

掘り上げた土を、③で入れた土壌改良材の上にかけて戻す。

❺ 水ぎめをする

ドーナツ状に掘り、土壌改良材を入れた部分に水をたっぷりかけ、根となじませる。

❻ 土が下がったらOK

水が土壌にしみ込み、空気が抜けると、土が少し下がるくらいになる。そうなればOK。

新しく植えつける場合の土壌改良

草花の場合、土壌改良材の量は、植栽面積×深さ三〇センチ×二〇パーセントが目安。土壌改良材が加わることで土壌はあふれぎみになるので、最初から増える量を見越して土壌を減らしておくとよい。

1 堆肥を全体にまく

土を耕したら、堆肥を全体に撒く。堆肥と炭は、2:1の割合で。堆肥は多めにまいてもよい。

2 炭を全体にまく

炭を①の上全体にまく。アルカリ性のため、多すぎると植物の生育が悪くなるので、適量を守って。

3 モンモリロナイトをまく

モンモリロナイトを全体にまく。鉄分の多い関東ローム層の場合は、土壌の鉄分とリン酸の結合を防ぎ、植物が養分を吸収しやすくなる。

4 均一に混ぜ込む

スコップで土壌の下と上をひっくり返すようにしながら、土壌改良材を全体に均一に混ぜ込んでいく。

5 土壌の状態を確認

土を手に取り、ギュッと握って手を開くと、固まった土がほろほろとほぐれるようなら、水はけがよくなっている。

6 整地する

板などを使い、平らに整地する。

植え方の基本

庭に植物を植えつけることは、その植物が栽培、育成された環境とは異なる場所に移動させることです。その際、とくに樹木は根や枝葉を多少なりとも切断することになるので、それなりの負担がかかります。ダメージの度合いにもよりますが、回復までに一～三年は要するでしょう。たとえるなら、人間の手術後と同じ。この回復期が植物の生長期と重なると、植物はバランスを崩し、枯れる原因になります。ですから、植えつけの適期は、生長期を避けた休眠期となります。

植物全般に共通する植えつけの適期は、①春の発芽前（春の彼岸ごろ）、②新芽の生長が止まる梅雨時、③生長が弱まり、休眠準備が始まる秋の彼岸ごろ。植物の種類や地域、その年の気候にもよりますが、目安を覚えておくと参考になります。

樹木に話を戻すと、落葉樹と常緑樹ではそれぞれ性質が異なります。そのため、植えつけの適期も同じではありません。落葉樹の適期は、寒さに強いものは一一～二月の落葉期で、寒さが心配なものは三月中旬以降～四月初旬までか、一〇月中旬～一一月いっぱいです。常緑樹は、針葉樹と広葉樹で多少の違いがあるものの年に三回で、三～四月、梅雨時、九月中旬～一〇月中旬が適期です。寒さに強い常緑針葉樹や落葉樹なら、冬でも植えつけできますが、適期を知っておきましょう。

庭で育てているうちに大きくなったバラやアジサイなどを違う場所に移植するときも、植えつけの適期に行うと失敗が少ないです。伸びてしまったサクラやウメなどの枝を剪定するタイミングも植えつけ適期を基本として、花芽が形成される前に行います。樹木への負担がもっとも少ない時期に、移植や剪定を行うのです。

樹木の場合（アジサイ）

植えつける際に、たっぷりの水を注いで、周囲の土や根に行き渡らせる「水ぎめ」の手法を紹介。

土と根鉢が密着するので、発根が促され、活着しやすくなる。

1 植え穴を掘る

アジサイの株よりひと回り大きい植え穴を掘る。

2 土壌改良材を入れる

堆肥と炭を2:1の割合で混ぜ、植え穴とその周辺にまき、スコップで全体を混ぜて土となじませる。

3 アジサイを入れる

アジサイの株を植え穴に入れる。アジサイの株が地面より低ければ、穴の下に土を足して高さを調整し、株の表土と地面の高さを揃える。

4 穴のすき間に土を入れる

アジサイの株と植え穴のすき間に土を入れる。

5 穴の周囲に土手を作る

植え穴の周りをぐるっと囲むように、土を寄せて土手を作る。手のひらの幅が高さの目安。

6 水を流し込む

土手の内側に水を流し込んでいく。アジサイの株を揺らし、根鉢の内側にもしっかり行き渡らせる。

7 土中の空気を抜く

土手の内側に水が溜まったら、アジサイの株を揺らしながら土の中の空気を押し出し、土と根鉢を密着させる。水が引くまで待つ。

8 水が引いたら土をかける

水が全部引いたら、土手の土を崩して、株元のほうにかけて平らにする。

ポット苗の場合
（ベロニカ）

庭の土と根鉢の高さを揃えて植えるのがポイント。深植えは禁物。

＊苗の品種や状態によっては根をほぐして植える場合もあるが、初心者は根をほぐさず、そのまま植えたほうが失敗が少ない。

1 ポットから苗を、根鉢を崩さないように取り出す。

2 地面に、ポット苗よりひと回り大きく植え穴を掘る。

3 苗を植える。地面と根鉢の高さを揃えることが大事。

4 土と苗のすき間に土を入れ、指で軽く押さえて安定させる。

5 植え穴や株元にたっぷり水をかけ、土と根鉢を密着させる。

球根の場合（フリチラリア）

チューリップ、スイセン、ユリなど球根植物は多年草の仲間。一度植えつければ、芽出し、開花、休眠を繰り返す。環境に合った球根なら、植えっぱなしで大丈夫。

❶ 球根の根が出る位置を確認する。

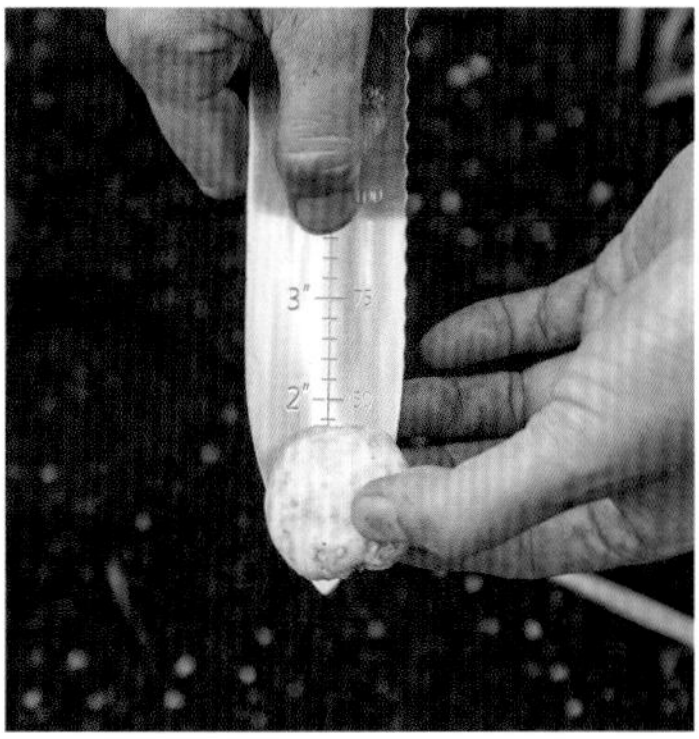

❷ 一般的に植え穴の深さは、球根の大きさの3倍が目安になる。

❸ 球根の3倍の深さまで植え穴を掘る。

❹ 植え穴に、根が出る側を下にして置く。

❺ 土をかける。

道具を揃える

ガーデニングに必要な道具を紹介します。
使いやすい道具を揃えておくと作業がスムーズに進み、
庭づくりがより楽しくなります。
作業の途中で置き忘れがちなはさみ類は、
白や赤などの目立つ色にすると見つけやすいです。

テミ、手ボウキ

両方とも庭を掃いて落ち葉を集めたりするときに使う。テミは、掘り上げた苗の仮置き場所にしたり、移動させたりするときにも役立つ。少量の土を混ぜるときも、テミの中で行うと便利。

はさみ、のこぎり

花がらなどの細かいものを切るのはクラフト用ばさみ（下）、枝を切るのは剪定用ばさみ（中下）。太い枝を切るときに使うのが、片刃の剪定のこぎり（中上）。切る枝に合わせてサイズを選ぶとよい。折り畳み式も（上）。

小鎌、山菜掘り

小さい雑草取りに便利なのが、刃先が10㎝程度の小鎌(上)。山菜掘り(下)は、雑草取りの他、株の掘り上げ、植えつけ、株分けなどにも使える万能な道具。

スコップ、移植ごて、手袋

スコップ(右)、移植ごて(中)は、植えつけ、土壌改良で土を耕すときなどに使う。穴を掘る際は、写真のように先の尖った「剣スコ」を使用する。手袋は指先が動かしやすいものを選ぶと作業がしやすい。

腰袋

作業に必要な道具を収めて腰に装着し、使いたいときにさっと道具が取り出せる便利なアイテム。はさみや山菜掘りなどの刃物で切れやすいので、革製のものが長もちする。

ジョウロ、霧吹き

ジョウロ(上)は、均一に水がまける、ハス口脱着タイプが使いやすい。水を入れて持ち運びしやすいサイズを。霧吹き(下)は、生薬エキスの散布などに使う。逆さ向きでも使える振り子式タイプを選ぶと散布がしやすい。

水やりの基本

水やりの基本は、「土が乾燥したら、たっぷりあげましょう」です。土に指を入れて、乾いていたら水やりのタイミング。与えるときはたっぷり与え、その後は乾燥するまで与えない。緩急をつけることが、水やりの大切なポイントです。

88ページの樹木の根の張り方で触れた吸収根の話を思い出してください。文字通り、水分は吸収根で吸収されますが、常に土が湿っている状態だと、根はここでいつでも水が吸えるから伸ばす必要がないと判断し、根の生長が止まってしまいます。反対に、土が乾燥すると、根は水を求めて伸びようとします。土を乾かしている時間は、じつは根を育てている時間なのです。地上部を支えてくれる根が先に生長しないことには、枝葉は大きくなることができません。

また、少量の水を土の表面が湿る程度に水やりするのも、植物にとっては好ましくありません。水をたっぷりと与えることは、根の呼吸に必要な酸素を土中に送り込む役目もありますが、土の表面が湿る程度では、根に水は届いていないのです。

一方、毎日きちんと水やりしているのに生育が悪い場合は、根腐れを起こしている可能性があります。土が乾く暇がないほど過湿状態が続くと、土の中の酸素が減り、腐朽菌という根を腐らせる菌が繁殖しやすくなります。これが、根腐れの原因です。

水やりの仕方でも植物の生育に差が出ます。高い位置から水やりすると土に当たって跳ね返った泥水が茎や葉に付着し、病気の原因になることも。水やりは葉を避けて土に、が基本です。植物ひとつひとつの様子をみながら水やりすれば、早めに害虫や病気などに気づくこともできます。

土の湿り気をチェック

水やりが必要かどうか迷ったら、土の湿り気を確認して判断を。

水やりは不要

土に指（第一関節くらい）を入れて、指に土がついてくるようなら、湿っている。指につかなくなったら、水やりを。

水やりが必要

土に指（第一関節くらい）を入れて、土が指につかなければ、乾いているので、水やりを行う。

葉を避けて土に直接水やりを

水やりは土に近い位置で、葉にかかったり、土が跳ねたりしないように。土が跳ねて葉に付着すると病気の原因にもなる。

花がら摘み

咲き終わった花を摘み取ることを「花がら摘み」といいます。植物は、花を咲かせて種を作るときに大量のエネルギーを使います。花がらをそのまま残しておくと、新しい花を咲かせにくくなるから切るのです。もし、花がらだけでなく、タネのさやができていたら、一緒に切り取りましょう。

翌年も楽しめる多年草の場合は、花がら摘みをすることで葉の展開を促し、来シーズンに向けて株を充実させることにつながります。

最近は花がらを摘み取らず、結実した自然な植物の姿を愛でる「ナチュラリスティックガーデン」が認知されてきています。とはいえ、梅雨や夏のある日本。高温多湿な時期に花がらを残しておけば、病気やカビが発生する原因になることも。ナチュラリスティックガーデンをめざす場合は、品種や組み合わせを吟味するとよいでしょう。

シュウメイギクの花がら摘み

咲き終わった花は、長く伸びた花茎の分かれ目、もしくは地際で切る。

バラの花がら摘み

花の下にある最初の5枚葉の上を切る。

切り戻し

時間の経過とともに植物は満開を迎え、大きく茂ります。その後、花数が少なくなり、枝や茎が伸びすぎて形が乱れ始めます。伸びすぎた枝茎を切り、植物の姿を整えることが「切り戻し」です。

植物は枝や茎の先端を切ると、その下にある脇芽の生長が始まるため、枝や茎を短く切ることで、脇枝がよく伸びて株が充実し、花つきもよくなります。加えて風通しもよくなるので蒸れにくく、病害虫予防にもつながります。湿度が高くなる梅雨前や、梅雨が明けて夏が始まる前に行うとよいでしょう。

秋に花がらを摘み取らずに冬を越した植物は、休眠期から目覚める直前の一～二月ごろに、切り戻しを行うと効果的です。これを「スプリングカットバック」といいます。休眠期が終わり、暖かくなると勢いよく新芽が芽吹いてきます。

切り戻し前のロシアンセージ。暑くなる前に切り戻しをすると、秋に再び開花する。

ロシアンセージの切り戻し

株元近くの新芽が出ている上で切る。

株分け

大きく生長しすぎてバランスが悪くなった多年草を一度掘り上げて、株をいくつかに分ける作業を「株分け」といいます。単純に、ひとつの株から複数の株に分けられるので、植物を殖やすことができます。また、一株が小さくなる分、間がすくので、株の生育が再びよくなります。

株分けしたら、友人にあげることもできます。反対に、友人が株分けした多年草をもらう機会があるかもしれません。それも楽しみのひとつです。

とはいえ、株が大きくなったら、必ずしなければいけないわけではありません。どんな庭にしたいのか、答えは自分のなかにあります。株分けをしながら人間がコントロールして美しさをキープするのもひとつの考え方です。あるいは、自然の営みに任せて、変化する庭をおおらかに受け入れ、楽しんでもいいのです。

ホスタの株分け

1 141ページの要領で、ホスタの株を掘り上げる。根を傷めないよう、ひと回り大きく掘る。

2 新芽と根のつながりなどを確認し、山菜掘りで割っていく。

❸ ある程度山菜掘りで割れ目をつけたら、根を傷めないよう手で分けていく。

❹ 分割し終わったところ。

❺ 株を確認し、古い根は切り取る。

❻ 株分け終了。根が乾かないうちに植えつけを。

剪定の基本

樹木は、スペースの限られた庭で大きく育ちすぎてしまうと、日差しが遮られたり、風通しが悪くなったりして、病害虫の発生リスクが高くなることもあります。庭に合った大きさを常にキープすることを考えながら不要な枝を切り、形を整えましょう。花木などは、古い枝を切って新しい枝に更新することで、花を多く咲かせられるようにもなります。

植えつけと同様、樹木の剪定も、生育期を避けるのが原則。樹種によって剪定の適期は異なりますが、常緑広葉樹は春の萌芽がひと息つく六月ごろと夏枝の生長が止まる一〇月ごろ、常緑針葉樹は春と一〇月ごろ、落葉樹は落葉して休眠期となる一二〜二月ごろが、一般的には適期とされています。ただし、花を観賞したい場合は、花芽形成がいつされるのか確認し、翌年の花芽がつく前までに剪定する必要があります。樹形は整ったのに、花が咲かないという失敗を防ぐには、樹種ごとの花芽形成時期を調べ、適宜、剪定するようにします。

樹木を前に、いざ不要な枝を切ろうとすると、どの枝を切ればよいか、迷いが出るもの。慣れるしかないのですが、からんでいくような枝、内側に入っていく枝、ひこばえ、ふところ枝などを切り取っていきます。とにかく外側へ外側へ、ゆったりと伸ばすイメージをもって行うとよいです。

どんな樹形にしたいのか、プロの職人は、一年後、二年後を見据えて、この枝を残す、切る、という判断を常にしながら剪定作業をしています。切り方によって同じ樹種でも雰囲気がまったく変わってくるのも剪定のおもしろいところ。樹木は庭のシンボルでもあるので、どんな樹形にしていきたいのか、イメージをしてから切りましょう。

切ってよい枝

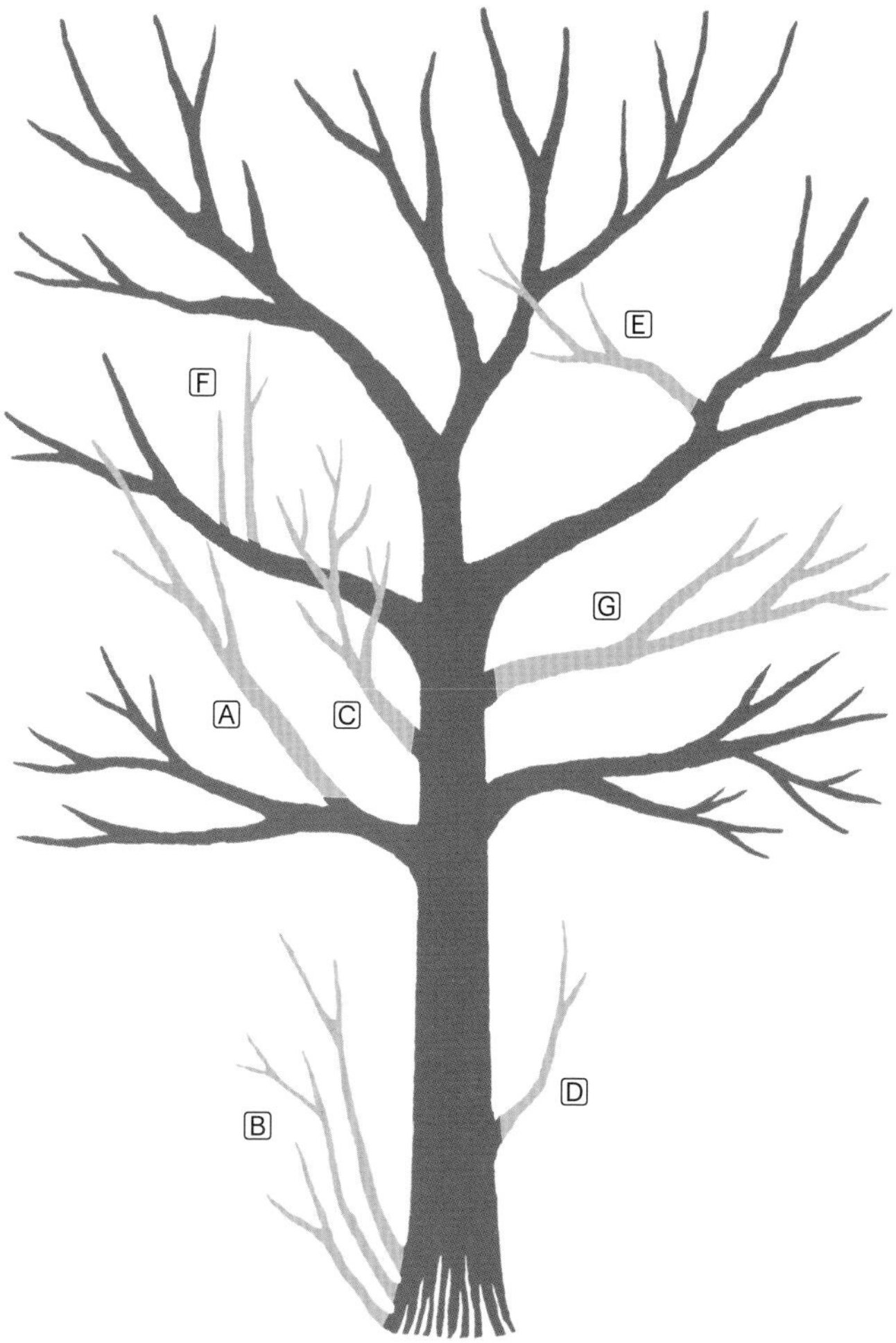

Ⓐ 徒長枝
不自然に強い勢いで伸びる枝

Ⓑ ひこばえ
根元から不自然に出ている若い枝

Ⓒ ふところ枝
樹冠の内部にある、からみ合ったり交差したりする枝

Ⓓ 幹吹き
幹から直接発生している小枝

Ⓔ 逆さ枝
幹に向かって内側に伸びる枝

Ⓕ 立ち枝
枝から直立するように伸びる枝

Ⓖ 平行枝
同じ方向に同じような伸び方をする枝。上下のバランスをみてどちらかを切る

2回に分けて切る

太い枝は一気に切ろうとすると、枝の重みで幹の樹皮が剥がれる危険があるので、2回に分けて切る。

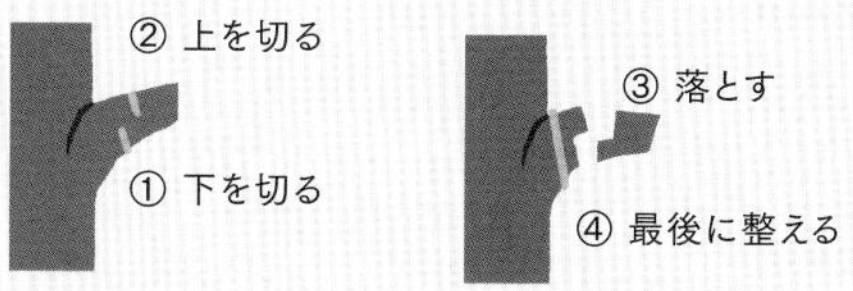

低木の剪定

落葉広葉樹のアジサイ。基本的には花が咲き終わった後、花芽形成前に行います。暖地だと花芽形成時期は九月ごろ。すでに花芽がついてしまっている場合は、花芽を確認しながら樹形を整えつつ、来春の新芽を促します。

花がら、虫に喰われた葉などもあり、樹形も乱れがち。来年に向けて、不要な枝葉の整理が必要。

外側を低く、中心に向かって徐々に高くなるよう「扇形」に整えた。虫喰いや傷んだ古い葉も切り取り、全体にすっきりとした印象。風通しもよくなる。

1 花がらのついた枝を落とす

花芽を確認して、花がらのついた枝を落とす。翌年の花芽は、花がらから1～2段下の節についているので、その上を切る。樹形のバランスしだいで、すでに花芽がついている枝でも短く切ってよい。

2 古い枝は株元から切る

全体のバランスをみながら、内側に交差しているような古い枝は根元から切り、樹形を整える。

中高木の剪定

常緑広葉樹のオリーブ。
剪定の適期は、他の常緑樹と同じく五～六月か九～一〇月。
枝が交差しないようにし、日当たりと風通しをよくし、
病気や害虫の発生を予防します。
ここでは、鑑賞を目的とした場合の剪定のポイントを紹介します。

枝や葉が混み合っている状態。実がなっているので、秋は収穫を兼ねた剪定ができる。

枝分かれしている左側の幹の剪定が終了。混み合った内側を間引くように剪定しているので、Beforeと比べるとすっきりした印象。日当たりも風通しもよくなった。

交差している枝を切る

交差している枝はどちらかを切る。

内側に伸びる枝を切る

木の内側に向かって伸びる枝を切る。そのまま伸ばすと枝が混み合う原因に。

下に伸びる枝を切る

下のほうに向かって伸びる枝は切る。他の枝と交差しやすい。

混み合う枝を切る

内側に向かって枝が混み合っているところを切る。

木の内側に入って剪定する

木の内側に入って、枝の伸びる方向を見定めながら剪定する。将来的にこういう樹形にしたいから今年はここを切る、あるいは残すという判断をし、来年以降の姿を想像。ときどき木から離れて全体を見渡し、樹形を確認するのを忘れずに。

剪定枝で作る堆肥置き場「バイオネスト」

庭の手入れで出た剪定枝や落ち葉、抜いた雑草などを大きなゴミ袋に入れて処分することに違和感をもったことはありませんか。捨てればゴミですが、これらはすべて有機物。土壌微生物の力を借りれば、土へと還っていく自然の一部です。ゴミとして処分すれば、費用もかかり、二酸化炭素の排出など環境負荷も気になります。

そんなモヤモヤを解決してくれるアイディアのひとつが、「バイオネスト」。剪定したときに出た枝を鳥の巣のように編みながら積み上げて作る堆肥置き場のことです。「バイオ」はギリシャ語のbiosという言葉で生命、「ネスト」は鳥や昆虫などの巣という意味です。

作り方はとても簡単。巣となる枠組みの大きさを決め、剪定した樹木の幹や枝を太いものから順に、鳥の巣をイメージしながら丸く編み込むように組んでいきます。最後にはみ出している枝を整えれば、枠のでき上がり。

あとはその枠の中に、組み込めなかった細い枝や落ち葉、雑草などを積み上げていきます。穴を掘る必要もありません。庭仕事のたびに雑草や落ち葉をここに入れていきます。人間ができることはここまでです。あとは虫や土壌微生物が落ち葉や雑草を分解してくれます。やがて堆肥となり、そこに育つ植物の栄養になっていく、という自然の循環が生まれます。樹木で作られているので、自然の造形物のようで庭の景観ともよくなじみます。さらにバイオネストが、土壌微生物や昆虫の新しいすみかになっているという報告もされています。

切った枝を運んだり、落ち葉を巣の中に投げ入れたり。大人も子どもも一緒になって作り上げ、バイオネストが変化していく様子を観察するのも庭づくりの醍醐味といえます。

太い枝から順に、枝を円を描くように積み上げていく。

↓

枝が積み上がってきたら、細い枝を円弧状に挿していく。

↓

完成。作業で出た枝や葉、花がらなどを随時入れていってよい。

成分を見て肥料を選ぶ

ホームセンターの園芸コーナーで、どの肥料を買えばいいのか、パッケージを見比べながら迷っている人をよく見かけます。野菜用、花用などと用途が書かれている商品もありますが、そこはあまり気にしなくてかまいません。注目してほしいのは、「窒素・リン酸・カリ」の含有量です。これらは、植物が育つために必要な三大栄養素といわれており、各肥料のパッケージには配合率が書かれています。大切なのはその部分です。

各栄養成分は、それぞれ働きが違います。窒素（N）は葉や茎の生育を促進します。リン酸（P）は花つき、実つきをよくします。よく聞くのは、「今年のパンジー、葉はよく茂ったのに、花数がいまいちだった」といった話。恐らく窒素分の多い肥料をあげていたのでしょう。花を咲かせたいのなら、リン酸分の多い肥料を与えてください。もうひとつの成分、カリ（K）は、根や茎を強くする役割があります。

肥料の形状には液体と固形があります。水に溶かして使う液体肥料は、即効性はあるものの効果が長続きしないので、週に一回程度、水やりを兼ねて与えるのが基本です。一方、固形肥料は、即効性はないのですが、じっくりと長く効きます。一度与えれば、二～三か月は何もしなくてかまいません。液体と固形では与える頻度が違うので、ライフスタイルに合わせて選べばよいでしょう。

では、どんな植物にも肥料が必要かというと、じつはそんなことはありません。土がよければ、原種、在来種、ハーブなどは基本的に肥料を必要としません。それに対して、花つきがよくなるように品種改良された植物、たくさんの収穫を期待される野菜などは、肥料で栄養を補充するのです。

窒素・リン酸・カリの配合率を見て選ぶ

肥料のパッケージに表示されている「チッソ1.5・リンサン9・カリ4.5」という数字は、各成分の比率を示している。この場合、リン酸が多いので花を咲かせたい植物に向く。

肥料の三要素

窒素(N)

葉や茎の育成をよくする。

リン酸(P)

花つき、実つきをよくする。

カリ(K)

根や茎を丈夫にする。

固形肥料

粒の大きさは商品によって異なる。土を少し掘り起こし、土と混ぜるようにして与える。効果が続き、広さのある庭には手軽。一般的に有機質肥料は茶色っぽいもの(左)、化学肥料は白っぽいもの(右)が多い。

液体肥料

規定量を水に溶かして使うタイプ。週に1回、水やりを兼ねて与えるため、ある程度広さのある庭よりもベランダや鉢で育てている人向き。こちらにも有機質肥料と化学肥料がある。

有機質肥料と化学肥料

肥料を原料によって分類すると、有機質肥料と化学肥料に分かれます。

有機質肥料は、油を搾った油かす、玄米を精米するときに出る米ぬか、魚を乾燥・粉砕した魚かす、草や木を燃やしてできた草木灰、鶏の糞を乾燥させた鶏糞など、植物性や動物性の有機物を原料にして作られています。

一方、化学肥料は、硝酸アンモニウムや塩化カリウムといった鉱物や岩塩などの無機質を原料にし、化学的に製造されたものです。

有機質肥料は、肥料に含まれる有機分を土の中にいる微生物が分解しながら、養分を植物が吸収するため、効き目はゆっくり。土全体のバランスを保ちながら、植物の生長を促します。一方、化学肥料は成分の純度が高いため、早くよく効きます。ところが使いすぎると、植物にとって必要な成分だけが吸収されて、残りの成分は土に残り、蓄積していきます。その結果、土壌は酸性化しやすくなります。酸性化すると、土の中のミネラルが流出しやすくなり、微生物の数が減少するなど、土の生物性が低くなる可能性があります。

肥料の使いすぎによる弊害は、化学肥料にかぎった話ではありません。経験的に、肥料過多で育った植物は、病害虫に対する抵抗力が弱い傾向にあるように感じます。植物が健全に生育するためには、商品のパッケージに書かれている適量を守ることが大切です。

オーガニックな庭づくりでは、基本的にあまり肥料を必要としない植物を選びますが、庭の彩りとして次々と開花するパンジーのような植物を植えたり、実のなる野菜を育てたりするときなどは、有機質肥料を使うようにしています。

代表的な化学肥料

- **硫安**（**硫酸アンモニウム**）
……速効性の窒素肥料。
- **過リン酸石灰**（**過石**）
……リン酸肥料（元肥に適する）。
- **塩化カリ**（**塩加**）
……速効性のカリ肥料。

代表的な有機質肥料

- **油かす**……リン酸とカリの含有量はわずかだが窒素の含有量が多い。
- **米ぬか**……リン酸が多く、窒素とカリも含む。
- **草木灰**…… 原料となる植物により差があるが、カリが主体で、リン酸、石灰を多少含む。
- **鶏糞**……糞に含まれる成分は一様ではないが、三要素を比較的多く含み、リン酸の含有量も多い。

複数の肥料を合わせたタイプも

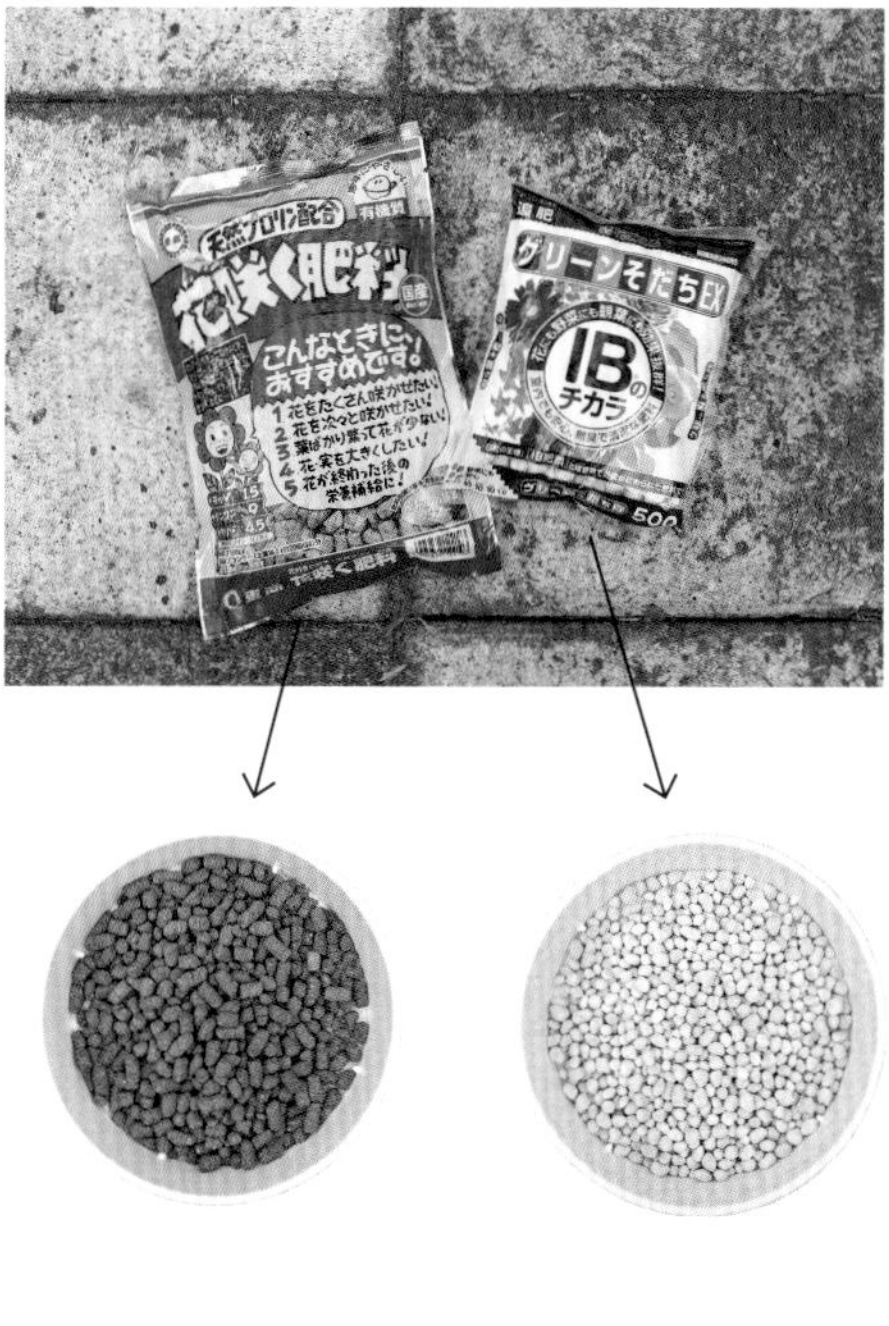

有機配合肥料（左）

有機質肥料のなかには、数種類の有機質肥料を混ぜたり複数の有機物を混ぜて発酵させたりした「有機配合肥料」と呼ばれるものもある。多種の微量要素が含まれているのが魅力。

化成肥料（右）

化学肥料には、1種類の成分しか含まない単肥と、2種類以上の成分を含む複合肥料がある。複合肥料のなかでも、複数の肥料を混合させただけでなく、化学的に合成・粒造されたものを化成肥料という。

庭の一画をリニューアル

土壌が見えて寂しい印象になっていた庭の一画をリニューアルします。植えられていた植物を生かしつつ、新しい植物を足していきます。植物の生長期を避けて、春先や秋に行うと植物の負担が減らせます。

After

リニューアルのポイントを整理する

○ヤマアジサイの枝が通路にせり出し、通行の妨げになっているので、庭の奥に移植する。あわせてもう一株のヤマアジサイも奥へ移植。

○通路側のクリスマスローズ（ヘレボルス）を、奥の株の近くに移植してまとめる。

○ホスタの株が大きくなってきたので株分けをして植え替える。

○アジサイ、クリスマスローズ（ヘレボルス）、ホスタを移植することによってできる手前のスペースに新しい植物を植える。

○日当たりがあまりよくないエリアなので日陰でも育つ植物を選ぶ。

設計図を描く

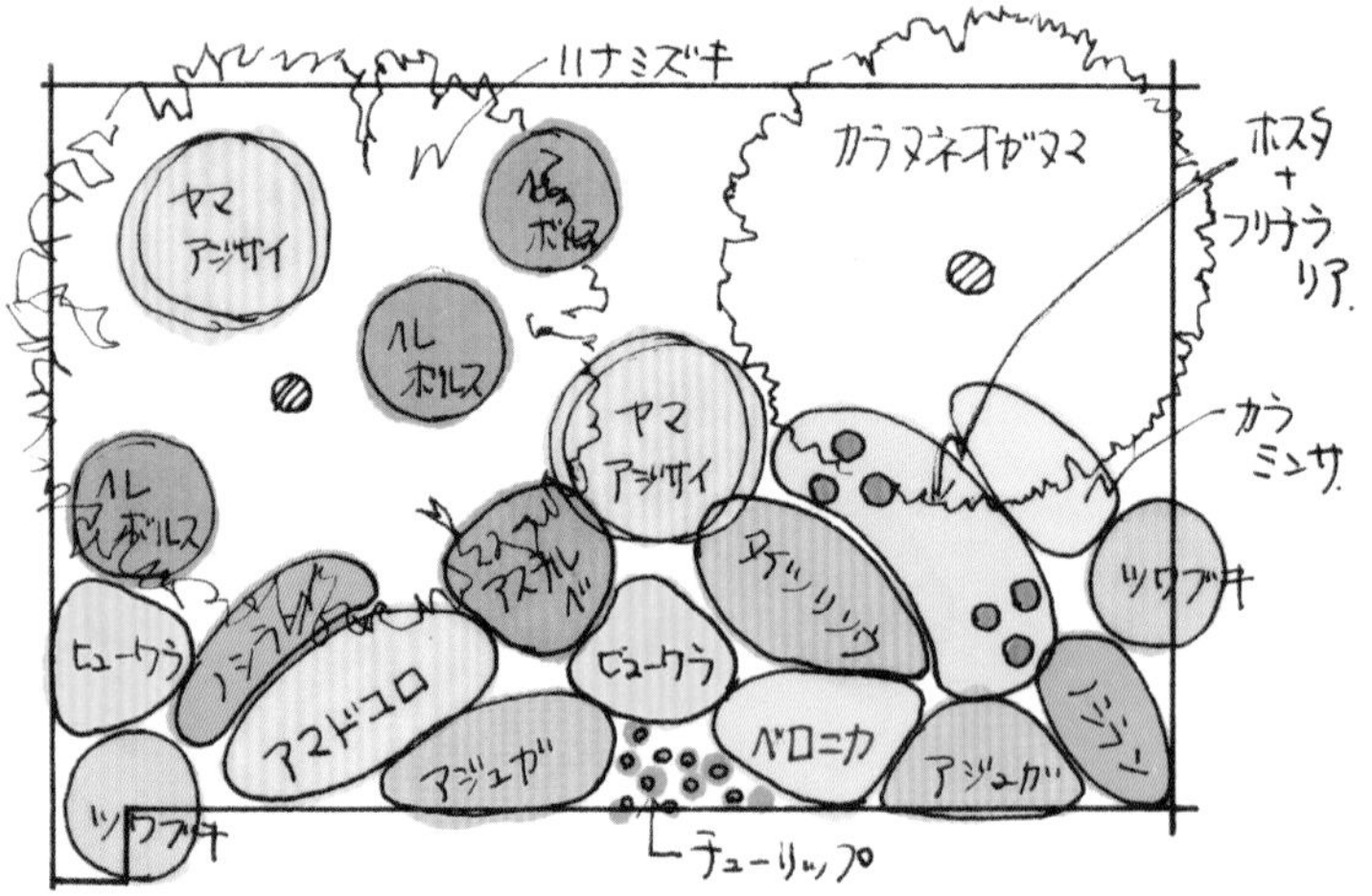

リニューアルのポイントが定まったら、設計図を描くと、失敗がない（詳しくは104ページを参照）。

植えてある植物を掘り上げる

❶ 掘り上げる前の準備

アジサイを掘り上げる際に根が傷むので、地上部を剪定し、根の負担を減らす。

❷ スコップで円を描く

吸収根を傷めないよう、株は大きく掘り上げる。枝先と根張りはほぼ同じなので、枝先を目安にして土の上に円を描く。

❸ 円に沿って掘り上げる

円に沿ってスコップを入れる。一度では掘り上げられないので、均等に少しずつ深くスコップを入れていく。周りが深く掘れたら、てこの原理で掘り上げる。

❹ 掘り上げた株を仮置きする

土壌改良してから庭に植えつけるので、いったん別の場所に仮置きする。あらかじめ仮置き場を用意しておくとよい。根が乾くと枯れやすくなるので、その日のうちに植えつける。アジサイの他、クリスマスローズ、ホスタも同じ方法で掘り上げる。基本はどの植物も同じ。

❺ 根を整える

古い根やからまっている他の植物の根など、不要なものは取り除いておく。

6 表土の掃除をする

移植しない植物の株元や庭の隅に溜まった落ち葉などを丁寧にかき出す（上）。落ち葉などを残しておくと虫のすみかや病気の原因になりやすい。塀際の落ち葉も手ボウキを使って掃き出す（下）。

7 雑草取りをする

雑草を取り、表土全体をきれいにする。

8 樹木の剪定をする

樹木の枝が塀からはみ出したり、枝が混み合っていて庭の日差しを遮ったりしているときは、剪定する。風通しもよくなり、庭全体の環境もよくなる。不要な太い枝は剪定のこぎりで（上）、混み合っている枝を剪定用ばさみで（下）切る。

太い枝を切り落とすときは

枝の重さで樹皮が剥がれることがあるので、太い枝を切るときは下から上へ3分の1ほど切ってから下に切り落とす。

掘り上げた樹木を植え戻す

9 土壌改良を行う

庭全体をスコップで約30㎝の深さで掘り返し（上）、古い根など不要なものを取り出す。その後、113ページの手順で土壌改良を行い（下）、平らにならす。

10 掘り上げた樹木を植えつける

掘り上げたアジサイを新しく配置し直し、115ページを参照して植えつける。大きい植物から植えていくとよい。

11 整地する

庭を平らに整地する。生長した3年後の姿を想像しながら、塀から少し離しぎみに植えた。

今回準備した植物

半日陰の庭に向く、多年草が中心。花のない時期でも楽しめるよう、カラーリーフも多く選んだ。白い斑の入ったノシランやツワブキなどを取り入れることで、半日陰〜日陰の暗い空間が明るくなる。

どれも肥料をあまり必要としないので、元肥は不要。土壌改良材で土の状態をよくしておけば丈夫に育ち、手入れもそれほど必要としない。

[掘り上げた植物も]

掘り起こしたホスタは、124ページの要領で株分けした。この他、クリスマスローズも。

[苗]

手前左から時計回りに、ヒューケラ2種、ツワブキ、ノシラン、アスチルベ、カラミンサ、アジュガ、アマドコロ（斑入り）、タイツリソウ、ベロニカ

[球根]

左から
原種系チューリップ、
フリチラリア

⓬ 設計図に沿って苗を配置する

植えつける前に苗を並べて、間隔や個数などを調整する。樹木なら3年後、草花なら半年～1年後の状況を考え、その分の間隔をとっておく。

見映えよくする配置のポイント

- 畑のように一直線に並んでしまわないように、それぞれの株をずらして配置する。
- 尖った葉の隣には丸い葉など、フォルムの異なる植物同士を隣り合わせにすると、それぞれが引き立つ。

⓭ 植えつける

116～117ページを参照し、苗や球根を植えつける。ホスタ、クリスマスローズも他の苗と同様に植えつける。

⓮ 水を与える

株の周りに水をたっぷりと与えて、土と根鉢を密着させる。新しい土と早くなじませて、根の生長を促す。

Part.4

病害虫・雑草対策

pests & weeds

環境に合った植物選びと適切な手入れによって
植物を病害虫に強く育てるのが、
オーガニックな庭づくりの基本です。
さらに、「生薬エキス」を散布することで、
植物自体の免疫力を高め、病害虫を防除します。
この「生薬エキス」は天然由来の成分なので、
周囲の環境への負荷がありません。
また、雑草にも除草剤は使わず、生えにくくする、
目立ちにくくする工夫で対応します。

農薬ではなく生薬を使う

高温多湿で病害虫の品種数が多い日本では、ときには薬剤を使いたくなる場面も出てきます。

農薬には、殺虫剤、植物を病気にするカビや細菌を退治する殺菌剤、雑草を除く除草剤などがあり、農林水産省の厳しい審査を経て登録されたものだけが、日本で安全に使えることになっています。それでも、化学農薬をなるべく使わない理由はいくつかあります。たとえば、殺菌剤。病気になる悪い菌を殺す薬剤ですが、善玉菌を殺してしまう可能性も。せっかく土壌改良をして、土壌微生物を豊かにしても意味がなくなってしまうからです。

とはいえ、化学農薬すべてが環境に強い影響を及ぼすわけではありません。重曹や食酢、バチルス菌の仲間などを農業用に合成したものも農薬として認められており、これらは有機ＪＡＳの基準でも使用可能です。有機ＪＡＳでは、有機農産物の認証条件を「農業の自然循環機能の維持増進を図るため、化学的に合成された肥料及び農薬の使用を避けることを基本として、土壌の性質に由来する農地の生産力を発揮させるとともに、農業生産に由来する環境への負荷をできる限り低減した栽培管理方法を採用したほ場において生産する」としており、私が使用する農薬を選ぶひとつの基準にしています。

この他、私が使っているのが、植物のエキスをブレンドしたり、微生物を発酵させたりした「生薬エキス」で、定期的に散布すると、植物の免疫力を高める効果が期待できます。病気や害虫が出てから対処するのではなく、日々、免疫力を高めるという意味では、東洋医学の考え方と似ているかもしれません。自然由来のエキスなので、繰り返し使っても、害虫に耐性がつかないのも特長です。

病害虫対策に「生薬エキス」を

植物から抽出したエキスをブレンドしたり、発酵させたりした資材は、
土づくりを助け、病気や虫に強い植物に育つよう後押しする。
葉の色を美しくするなどの効果も。また、土の中にいる微生物にも
よい影響を与える。保存は冷暗所で、開封から1年を目安に使いきるとよい。

害虫対策に

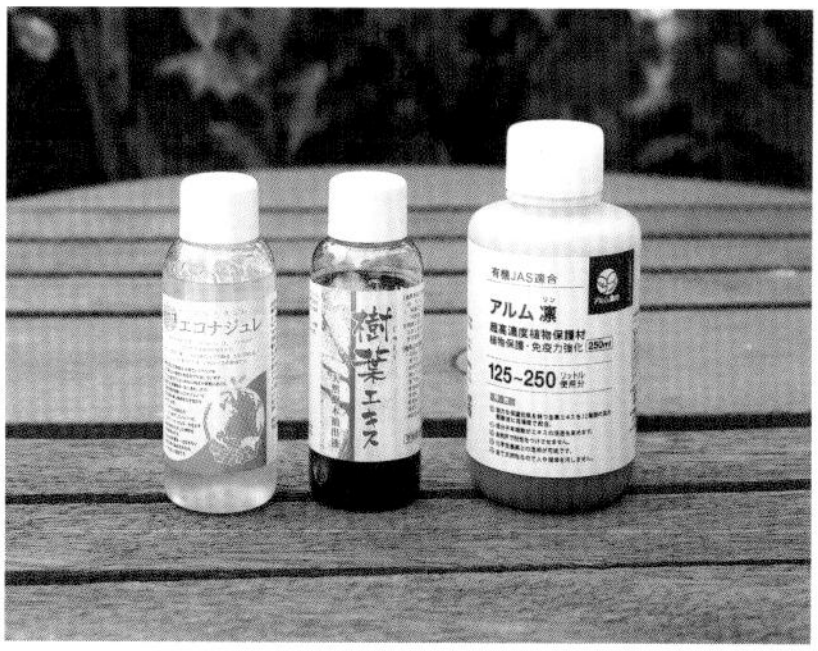

パパイヤから抽出したパパインを中心に配合した、植物性天然酵素液「エコナジュレ」（左）は、バイオの力で植物の生育環境を整える。ニーム、ヒバ、ローズマリーなどのハーブから抽出したエキスでできた「樹葉エキス」（中）は、不快害虫用忌避剤。キハダ、クララなど、保護作用の高いエキスをブレンドした「アルム　凛」（右）は、植物の保護機構を強化し、免疫力を高める。

病気対策に

60～120℃の温度帯で増殖する好熱菌を使った、複合好熱菌発酵濃縮物の「New有機の雫」は、病気のもととなる菌を分解し、本来の生長を促す。

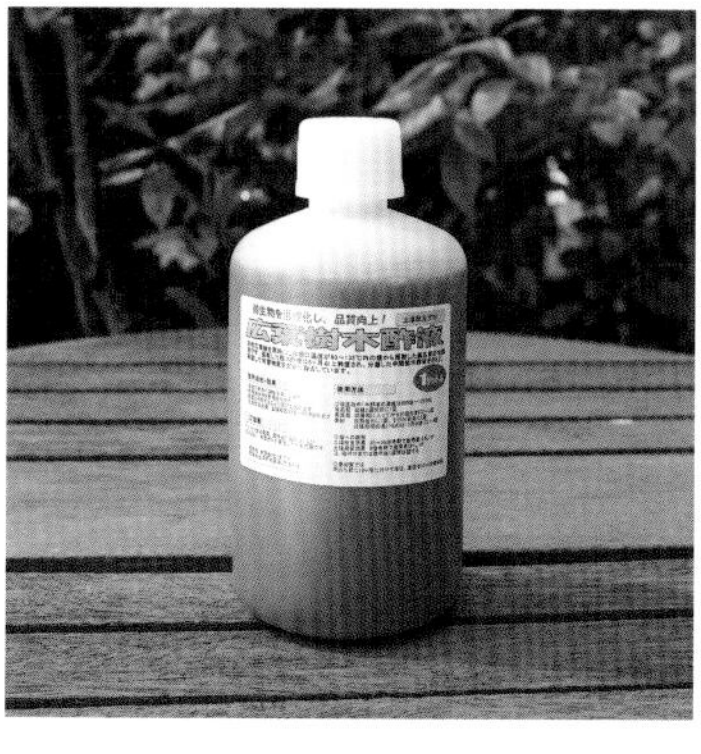

生薬散布の際は木酢液とともに

木酢液は、炭を作る際に出る水蒸気を冷やし、液体にしたもの。水のクラスターを細分化する働きがあり、生薬エキスを希釈する水に加えると、生薬の吸収がよくなる。同様に、水やり時に使えば、水分の吸収が早くなる。使用時は水で500倍に希釈するのが基本。品質は価格に比例するので、安すぎるものは避けたほうがよい。

生薬エキスの散布方法

おもに病害虫の被害が出やすいバラ、野菜などに散布します。バラの場合は五月から一〇月くらいまでの期間に週一回が目安。生薬エキスは何種類か揃え、違う種類を交互に使用するとベター。それぞれに成分が違うため、より効果を得やすくなります。余ったら、他の植物にも散布しましょう。バラや野菜を育てていない場合も、年に三、四回散布すると植物が美しく保てます。

用意する道具と材料

○霧吹き（写真は2ℓサイズ。容量は庭の広さに合わせて）

○木酢液

○生薬エキス（今回は樹葉エキスを使用）

○計量スプーン

○水

❶ 木酢液を水で希釈する

木酢液は水で500倍に希釈する。霧吹きの容量が2ℓなので、木酢液小さじ1弱（4mℓ）を霧吹きに入れ、水を2ℓ注ぎ入れる。

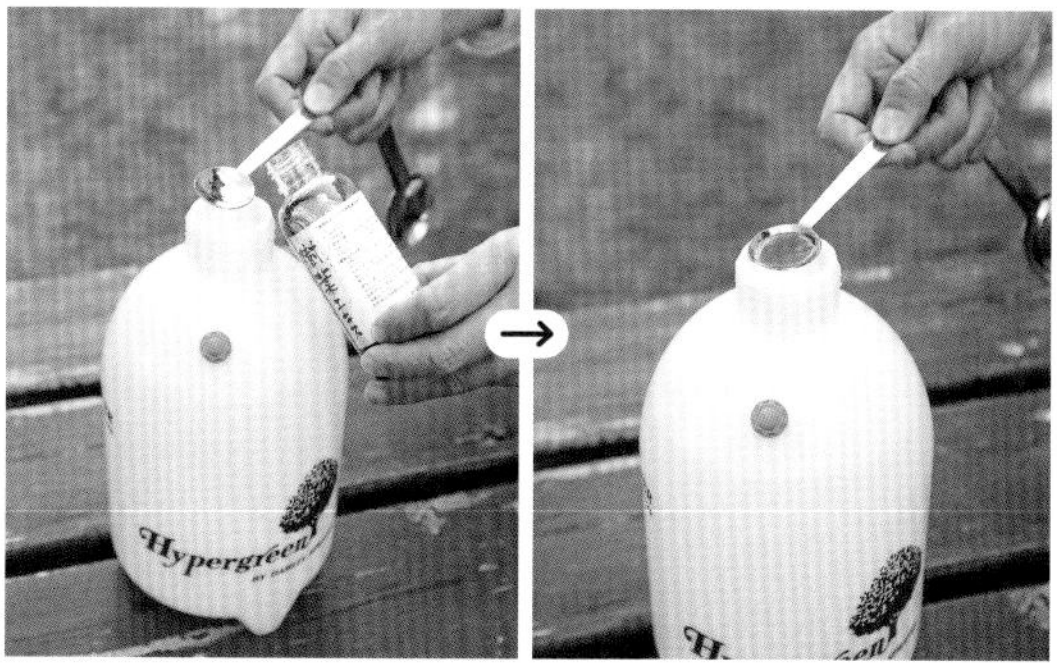

❷ 生薬エキスを入れる

表示通りの希釈になるように生薬エキスを①に加える。樹葉エキスの場合1000倍希釈なので、小さじ1/2弱（2mℓ）。少し多く入ってしまってもかまわない。

❸ 全体をよく混ぜる

霧吹きのスプレー部分を戻してしっかり閉めたら、よく振って混ぜる。

❹ 葉に散布する

③を葉裏から吹きかけ、表までしっとりするくらいに散布する（害虫は新芽や葉裏につきやすい）。液が土に落ちれば、微生物のエサになり、病気の菌の活動を抑制する働きも期待できるため、余ったら薄めて土にまいてもよい。

病害虫の被害に遭った場合は

これまでお話をしてきたように、適地適木の考えで植物を選び、微生物の力を借りながらよい土をつくり、適切な時期に剪定などの手入れを行い、生薬エキスで植物の免疫力を高めることは、病気や害虫を予防することにもつながっています。

それでも被害に遭ってしまった場合は、それ以上広がらないよう、できるだけ早く対処しましょう。発生源を素早く発見するためには、日々植物の様子をみることが大切です。そして害虫なら、卵の段階で取り除きます。葉裏に産みつけた卵を見つけたら、葉を切ります。アブラムシも数が少ないうちに手で取り除きましょう。

手で対処できる段階を越えてしまった場合には、農薬を利用するという手もあります。酢などを使った薬剤や、オーガニック栽培に使えるとパッケージに書かれた、天然成分を使った殺虫剤や殺菌剤が、数は少ないものの販売されているので、ホームセンターなどで探してみてください。

また、病気と間違えやすいのが、水枯れと根腐れです。見分け方は、樹木なら葉のしおれ具合です。枝の先端から葉がパラパラ落ち始めたら水が足りないサイン。水をたっぷり与えてください。幹にツヤがなかったり葉がしおれても落ちずについていたりする場合は、根腐れの可能性が高いです。しばらく水やりを控えて様子をみます。土の水はけが悪ければ、土壌改良を行ってもいいでしょう。ナメクジも水はけの悪い場所を好みますので、ニームの顆粒を忌避剤として活用しても。

また、植えつけ場所を変えることで、植物が元気を取り戻すことも意外と多いものです。調子がよくないときは、環境が合っていないかもしれない、ということもぜひ考えてみてください。

オーガニックでも使える資材

環境や人、動物などに害を及ぼさない酢などの食品成分が原料の薬剤、
天然成分を使ったオーガニック栽培に向く殺菌剤や殺虫剤。
オーガニックでも使える資材があるので、上手に活用するとよい。

病害虫対策

ヤシ油や炭酸水素カリウム、酢などを使用し、環境への影響も少なく、有機JAS規格で使用可能な薬剤。個々の病気や害虫に対応した商品も多数ある。

雑草対策

塩化マグネシウムなど70種類のミネラルが主成分なので、人にも環境にもやさしい。植栽部分に使用すると、せっかく植えたものも枯らしてしまうので、もともと植物が生えていない墓地や駐車場など、広い場所の雑草対策に便利。

雑草をはびこらせないために

植えてもいないのに自然に繁殖してしまうのが、雑草です。風や鳥などによって運ばれたタネが芽を出し、大きくなるのが原因。雑草が生えるデメリットは、庭の見映えが悪くなるばかりか、育てている植物の日照を妨げ、生長が悪くなることです。さらには、病害虫を引き寄せることも。頻繁な草むしりは大変ですが、小さいうちなら根も浅いので、手で簡単に取り除けます。引き抜くときは、葉だけでなく、根の部分までしっかり抜いて根絶しましょう。根が張って抜きにくいときは、雨が降った後の、地面のやわらかいときがチャンスです。

日照時間が長くなる春から初夏は、あらゆる雑草がすくすく伸びて、気を抜くとあっという間に大きくなります。とくに、ドクダミやカタバミなど地下茎で繁茂する雑草は、冬に地上部が枯れても根は残り、翌年にまた生える多年草なので、やっかいな存在です。再び生えてこないようにするには、根こそぎ取る必要があります。

涼しくなる秋は、雑草の生長も緩やかになりますが、タネができやすい時期です。タネができる前に取り除けば、翌年の生育が抑制されます。また、ヨモギなどは、秋に発芽し、越冬して春に大きくなるので見つけたら対処しておきましょう。

新しく庭をつくるときは植物を植える前に、地下茎で繁殖する雑草の根をとにかく熱心に取ることです。経験上、ドクダミやカタバミは、水はけの悪い場所を好むので、園芸植物が生育しやすい環境を整えると雑草は減っていきます。また、クリスマスローズやアガパンサスのように大きく茂った葉の下には光が届きにくく、雑草は生えにくくなります。草丈の低い植物がよければ、ヤブランなどを繁茂させると、同様の効果が得られます。

雑草の取り方

雑草は小さいうちなら、少ない労力で簡単に取り除ける。
ここでは、山菜掘りや小鎌を使った草取りの方法を紹介。

山菜掘りを使う

❶ 雑草の脇に山菜掘りを差し込む。

❷ てこの原理で根ごと掘り上げる。

❸ 根が切れないようにして抜き取る。

小鎌を使う

❶ 雑草を手で持ち、もう一方の手で小鎌を持って、鎌の先端を土の中に斜めに差し込む。

❷ 根と一緒に小鎌を土の中から掘り上げる。

❸ 根についた土を払い落とす。

雑草を目立たせないワザ

一か所に単一の植物だけを植えている庭は、どうしても雑草が目立ってしまいます。
いろいろな種類の植物を混植させるのもひとつの方法です。
頻繁に草むしりができなくても庭を楽しめるワザをお伝えします。

雑草が生えても目立ちにくい植栽にする

いくつかの品種を混植したナチュラルな植栽にしておくと、エノコログサなどの雑草が生えても違和感はあまりない。とはいえ、雑草を抜き取っていくと、すっきりとし、風通しがよくなる。

↓

サルビア・ネモローサになじんでいて一見わからないが、株の間には雑草が。丁寧に取り除いていくと（左）、たくさんの雑草が生えていたことがわかる（右）。

葉が地面を覆う植物を活用する

葉が地面を覆うような植物を植えると土に光が差し込みにくいので、雑草が生えにくくなる。草丈のある植物なら、クリスマスローズやアガパンサス（写真）、アスパラガスなど。草丈の低い植物なら、ヤブランなどがある。

芝生と一緒に刈り込む

日当たりのよい南向きの庭を好む芝生。光が降り注ぐなか、芝生に生える雑草はとにかく目立つもの。個人で楽しむなら、多少の雑草は許容し、芝刈りのときに一緒に刈り込むという発想の転換もある。

這うように広がるハーブを茂らせる

玄関アプローチのような広い空間には、這うように茂る植物を活用するのもひとつのアイディア。とくにクリーピングタイム（写真）は、触れると香りが立ち上り、歩いていると爽快な気分に。丈夫なので、少々踏んでも大丈夫。

よい庭は伝播する

庭の手入れでさまざまなお宅に出入りさせてもらっていて感じるのは、よい庭は伝播していくということです。

近所に素敵なお庭があると、「何を植えているんですか？」とか、「こぼれダネで殖えたらお分けしましょう」といった会話が自然と生まれます。

私が実際に手がけた個人邸の事例で、こんなことがありました。そのお客様はもともと、バラを育てるのが趣味で、ご自宅を新築する際に、バラが似合うガーデンを設計させていただきました。その際に「通りがかる方の目を楽しませたいので、オープンなデザインに」ということと、「シンボルツリーとしてハナミズキを植えたい」というご要望がありました。

そうしてできた庭を、毎日ていねいに手入れされていて、バラの季節には、遠方からも人が見に来るようになるほど、見事なガーデンになりました。手入れをしていると、通りがかりの方から声をかけられて、自然とコミュニケーションがはじまります。私が年に数回、作業に入らせていただいていたときも、近所の方が「ここのバラは本当に見事なんだよ！」と、話しかけてくださったり、バラが満開の季節の写真をわざわざ見せに来てくださったり、ということがありました。お庭をオープンにし、手入れをしてきれいに保つことは、すごく地域貢献になるのだなということを実感しました。

そのお宅は、車が一方通行でしか通れないような細い路地の住宅街にあります。近所の方も、毎日通りがかりでバラを眺めていると、ご自身でも育ててみたくなるようで、バラを育てる方が近隣に少しずつ増えていきました。そうすると、そのお客様は、新たにバラを育て始めた方たちのところへ行って、ガーデニングのアドバイスをされたりもしていました。

一方で、「バラは難しくてもハナミズキなら」という方もいらっしゃいました。その通りはハナミズキ通りと呼ばれるようになり、新築やリフォームをする際に、通りに面してハナミズキを植えるお宅が何軒も続いていきました。そして数年後には、ハナミズキの並木と花があふれる通りに変身したのです。

オーガニックなガーデニングを始めようとしたときに、「うちが一軒やったくらいでは、地球環境は何も変わらないし……」と思うかもしれません。でも、この例のようによい庭が近隣に広がり、グリーンベルトのようになっていけば、植物だけでなく、昆虫や鳥たちも集まりやすい豊かな街になっていくと思いませんか？　そして、そのような街がいくつもできれば、日本全体の環境はよくなる。私は、いつもそんなことを想像しています。

小島理恵（こじま・りえ）

株式会社Q-GARDEN代表取締役。神奈川県横浜市生まれ。信州大学農学部森林科学科卒業。大手造園会社などを経て2011年株式会社Q-GARDEN設立。化学的な農薬や肥料を極力使わない「Q-GARDENオーガニックガーデン5か条」を定め、ガーデンの設計・施工・年間管理の業務を行うとともに、セミナー講師などの活動も。施主と職人、植物と環境の間をとりもち、より理想的なガーデンへ導く「ガーデンキュレーター」としても活躍し、後進の育成にも尽力する。監修書に『はじめてでもカンタン！ おいしいベランダ野菜』（西東社）がある。

https://q-garden.com

はじめての
オーガニックな庭づくり

2023年2月20日　第1刷発行

著者　小島理恵
発行者　河地尚之
発行所　一般社団法人　家の光協会
〒162-8448
東京都新宿区市谷船河原町11
電話　03-3266-9029（販売）
03-3266-9028（編集）
振替　00150-1-4724
印刷・製本　図書印刷株式会社

ISBN978-4-259-56750-7　C0061

・参考文献
『造園植栽術』　山本紀久著
彰国社

ブックデザイン　高橋朱里（マルサンカク）
撮影　八藤まなみ
イラスト　羅久井ハナ
取材・文　山本裕美
校正　ケイズオフィス
DTP制作　天龍社
写真提供　小島理恵、フィリップ・ミル 東京